Nur ein paar Stündchen

Nix wie raus, ganz schnell ins Grüne. Auch mit wenig Zeit lässt sich Großartiges erleben. Kleine und große Abenteuer warten direkt vor der Haustür.

4 H

Raus für einen Tag

Man muss nicht in die Ferne reisen, um neue Welten zu entdecken. Einfach mal einen Tag lang raus aus dem Alltagsallerlei und rein in die Natur.

12 H

Ferien für ein Wochenende

Warum auf die große Auszeit warten, wenn man einen Wochenendtrip in der Nähe machen kann? Vergnügen, Abenteuer und Wohlgefühl kompakt und intensiv.

36 H

LIEBE LESERIN, LIEBER LESER,

welche Kontraste! Hier die betriebsame Rhein-ebene, dort die dünn besiedelten Vogesen-berge, dazwischen das Rebenmeer der Elsässer Weinstraße, tief im Süden die bis zum Jura rei-chenden Hügel des Sundgau. Hier vielbesuchte Weindörfer, die Metropolen Straßburg, Colmar und Mulhouse, dort verträumte Waldbauern-siedlungen und einsame Bergbauernhöfe.

Für die einen ist das Elsass ein Kunst-, Kultur- und Schlemmerland, für die anderen ein großer Abenteuerspielplatz. Mit alpinen Steigen und samtweichen Pfaden, mit urwüchsigen Berg- und Auenwäldern, mit Wasserfällen, Flüssen und Bergseen, mit Weinbergen, Felsen und Burgen.

Spannende und erholsame Eskapaden im Elsass wünscht Ihnen, dir und euch

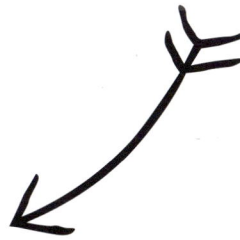

PS: Informationen zum GPX-Download gibt's auf Seite 224.

AUSZEIT.
ABENTEUER.
LEBENSFREUDE.

1. KAPITEL
ABSTECHER

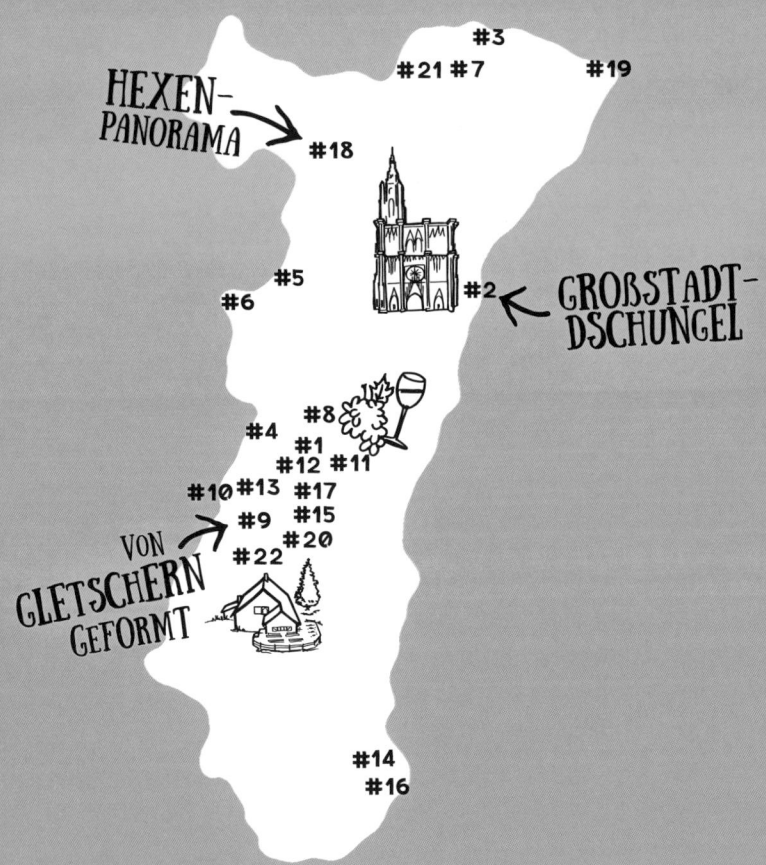

HEXEN-
PANORAMA

#3
#21 #7 #19

#18

#5
#6

GROßSTADT-
DSCHUNGEL
#2

#8
#4 #1
#12 #11
#10 #13 #17
#9 #15
#20
VON #22
GLETSCHERN
GEFORMT

#14
#16

Nur ein paar Stündchen

Natur, Kultur und Sportliches auf erlebnis-reichen Stippvisiten – Felsen und Burgen, Weindörfer und Schlachtfelder, Kastanien und Heidelbeeren, Seen und Flüsse ...

4H

RAUS AUS DEN FEDERN

 ... bei Sonnenaufgang über Ribeauvillé

 *Ein erlebnisreicher Rundweg zu den drei Burgen über Ribeauvillé – wer noch in der Dunkelheit aufbricht, genießt auf einer Burgmauer den Sonnenaufgang und kann anschließend noch vor dem Eintreffen der Touristenmassen ganz gemütlich durch den sehr hübschen Ort streifen.*

#früheVögel #Burgentriple #Weinstraße #Stirnlampe

Wenn die Sonne über der Rheinebene aufgeht, hat man das Château de Saint-Ulrich ganz für sich.

Eine Stunde vor Sonnenaufgang ist die ideale Aufbruchzeit. Am Wanderparkplatz nimmt man nicht den beschilderten Aufstieg zum Château du Girsberg, sondern läuft links an einer Mauer entlang zum Beginn des Burgen-Rundweges und steigt im Schein der Stirnlampe am Rande der Weinberge zum Aussichtspavillon Gloriette auf. Genau der richtige Platz, um einen Schluck aus der Thermoskanne zu nehmen und in Ruhe das Lichtermeer der Rheinebene zu studieren!

Der Winzerweg wird von einem steilen Waldpfad abgelöst, der sich – schon weit oben – zwischen Felszähnen hindurchschlängelt und auf die furchterregend aufragende Girsburg zusteuert, um im letzten Moment doch noch zum 500 Meter hoch gelegenen Château de Saint-Ulrich, der Ulrichsburg, umzuschwenken.

Inzwischen hat die Morgendämmerung eingesetzt, die Stirnlampe hat ihren Dienst getan und man steigt voller Spannung auf steinernen und hölzernen Treppen zur obersten Plattform der gut erhaltenen Burganlage. Jetzt öffnet sich das Blickfeld nach Westen, zu den hohen Gipfeln um Aubure und Thannenkirch. Dann gilt die ganze Aufmerksamkeit

dem Osten, dem Wechsel der Himmelsfarben über dem Schwarzwald-Horizont, den Nebelschwaden über dem Grand Ried und dem allmählichen Verlöschen der Lichter von Sélestat und Colmar.

Kaum fünf Minuten sind es hinüber zum Château du Girsberg. Dort sind die obersten Etagen geübten Kraxlern vorbehalten, alle anderen begnügen sich mit der Aussichtsplattform der Unterburg.

Der übliche Weg zur letzten der drei Burgen: zurück zum Château de Saint-Ulrich und dann noch einmal 150 Höhenmeter hinauf. Viel interessanter: ein Trampelpfad, der an der Girsburg seinen Anfang nimmt und zwischen Felsblöcken und umgestürzten Bäumen direkt

das Château du Haut-Ribeaupierre, die Burg Hohrappoltstein, ansteuert.

Rundweg-Liebhaber gehen jetzt nach Norden zu einem Sattel und folgen dort nicht der Beschilderung zurück zum Château de Saint-Ulrich, sondern nehmen den nächsten links abzweigenden Weg hinunter zur einsamen Klosterkirche Notre-Dame de Dussenbach. Auf

---

Hin & weg: Ribeauvillé, Wanderparkplatz am Luetzelbachweg oberhalb des Hôpital de Ribeauvillé. Buslinie 106 oder 109 vom Bahnhof Colmar.

Beste Zeit: Ganzjährig.

Dauer & Strecke: 2 Std. Gehzeit, 7 km, 375 Hm.

Ausrüstung: Wanderschuhe, Kamera, Stirnlampe, Thermoskanne, etwas zum Naschen.

Einen Katzensprung vom Château de Saint-Ulrich entfernt ragt das Château du Girsberg in den Morgenhimmel (links). Das Château du Haut-Ribeaupierre thront auf einer Bergkuppe (Mitte).

dem interessant gewundenen Sentier Maria-Raydt geht es dann zurück nach Ribeauvillé.

In Rappoltsweiler, wie die 5000-Seelen-Gemeinde auf Elsässisch heißt, herrscht jetzt die Ruhe vor dem großen Sturm, noch sind keine Reisebusse mit Kegelclubs und Betriebsausflüglern eingetroffen. Ein guter Zeitpunkt also, um die pittoresken Häuser aus dem 16. und 17. Jahrhundert zu inspizieren und in einem der zahlreichen Lokale ein kräftigendes Frühstück einzunehmen.

FAZIT: EINE KLASSISCHE ELSASSWANDERUNG – INTERPRETIERT ALS SONNENAUFGANGS-TOUR.

RUF DER WILDNIS

= ... im Naturschutzgebiet L'Île du Rohrschollen ⊏

#2

Wie die Mannheimer mit ihrer Reiß-insel haben auch die Straßburger einen Altrhein-Dschungel direkt vor der Haustür: die Île du Rohrschollen. Sie erstreckt sich auf einer Länge von fünf Kilometern zwischen dem Rhein und dem Schiff-fahrtsweg Canal d'Alsace.

Immergrüne Misteln bringen auch im Winter Farbe in den Auenwald (links). Nichts weist darauf hin, dass am träge dahinfließenden Altrhein die französisch-deutsche Grenze verläuft (Mitte).

Auch wenn die Straßen auf dem Weg zur Ile de Rohrschollen wohlklingende Namen – Rue de La Rochelle, Rue de Biarritz, Rue de Bayonne – tragen: Hässlicher könnte die Anfahrt zu einem Naturschutzgebiet kaum sein. Gesichtslose Industriebauten, eine Müllverbrennungsanlage, löcheriger Asphalt – alles nicht sehr vertrauenerweckend. Doch dann: Kaum hat man den Parkplatz hinter der Schleuse und dem Wasserkraftwerk verlassen und ist über den Hochwasserdamm des Rheinseitenkanals gestiegen, findet man sich in einer völlig anderen Welt wieder.

Träge Fließgewässer, dunkle Tümpel, undurchdringliche Schilfsenken, von Efeu und Lianen überwucherte Pappeln und Eschen, ein mit Blumen und Kriechpflanzen bedeckter Sumpfboden – so mag es im Rheintal vor dem Anthropozän, dem Zeitalter der von Menschenhand gestalteten Umwelt, ausgesehen haben. Dazu die exotische Geräuschkulisse, ein vielstimmiges Pfeifen, Singen und Zirpen,

Hin & weg: Straßburg, Parkplatz am Naturschutzgebiet L'Île du Rohrschollen. Von Offenburg kommend erste Ausfahrt hinter der Rheinbrücke, Richtung Usine d'Incinération, Rue de La Rochelle und rechts durch die Rue du Rheinfeld bis hinter der Schleuse des Canal d'Alsace. Oder ab Stadtmitte Straßburg mit der Buslinie 27 Richtung Baggersee bis Rue du Rheinfeld und noch 2 km zu Fuß.

Beste Zeit: Ganzjährig. Infos unter www.rn-rohr schollen.strasbourg.eu

Dauer & Strecke: 1 Std. Gehzeit und 3,5 km für den Sentier De La Forêt Galerie, 2,5 Std. Gehzeit und 8,5 km für den Sentier Du Vieux Rhin.

Ausrüstung: Wanderschuhe, Fernglas, Regenschutz, Proviant.

der raue Schrei eines Reihers, der Flügelschlag aufgeschreckter Wildenten, dann und
wann durchbrochen vom Betriebsgeräusch
eines nahen Kraftwerks.

So vielfältig die Natur, so bunt die Interessen
der Inselbesucher: Naturkundler streifen mit
dem Pflanzenbestimmungsbuch durch das
Inselinnere, Hobbyfotografen warten gedul-
dig auf das ultimative Vogelmotiv, Jugendliche
springen zwischen Smartphone und analoger
Welt hin und her, Familien geben sich gemeinsam dem wohligen Schauer einer fremdarti-
gen Welt hin, Picknick-Ausflügler genießen
den Tag auf einer Decke am Ufer.

Zwei Rundwege erschließen das Naturschutzgebiet, der Sentier de la Forêt Galerie und der
mehr als doppelt so lange Sentier du Vieux
Rhin. Mit einem geländegängigen Rad kann
man auf der Ostseite der Insel auf holprigem
Boden am Rhein entlangfahren bis zur Süd-
pitze, wo die Barrage de Strasbourg-Kehl den
Strom reguliert, und dann westseitig auf dem
Kanaldamm zurückfahren.

Wissbegierige können sich während der Woche, in Sonderfällen auch am Wochenende,
von Mitarbeitern des Naturschutzgebiets
durch das Gelände führen lassen. Zwei Wochen vorher sollte man sich bei der zuständi-
gen Behörde anmelden (www.strasbourg.eu/
contact-service-espaces-verts-nature).

GLÄNZENDE AUSSICHTEN

 ... auf Vier-Burgen-Tour in den Nordvogesen

#3

Vier Felsenburgen mit spektakulären Fernblicken, die faszinierende Welt des Buntsandsteins, einer der beliebtesten elsässischen Kletterfelsen und ein Platz für Leckermäuler – nicht schlecht für eine nur sieben Kilometer lange Runde, für die man allerdings getrost einen halben Tag einplanen kann.

#Farbenspiel #kraxeln #Wäldermeer #Raubritter

Stolze Felsenburg
im Wäldermeer: der
Fleckenstein (links).
Beliebt bei Kletterern
ist der Langenfelsen.

Schauplatz der Wanderung ist der sagenum-wobene Wasgau, der einen Teil der Nordvoge-sen und den südlichen Pfälzerwald umfasst. Eine auffallend formenreiche Mittelgebirgsre-gion – mit bis zu 600 Meter hohen Kegelber-gen und langen Höhenzügen, zwischen denen sich stille Flusstäler und weite, moorige Talau-en ausbreiten. Geprägt hat diese Landschaft der Buntsandstein, der sich vor mehr als 200 Millionen Jahren aus einer Sandwüste heraus-bildete. Wind und Wetter sorgten dafür, dass er in Gestalt bizarrer Felsen zutage tritt, die ihre zwischen Gelbbraun und Rostrot changie-renden Farben einem hohen Anteil an Eisen-oxid verdanken.

Diese Eskapade zu den Felsenburgen auf dem elsässisch-pfälzischen Grenzkamm bietet ne-benbei auch eine gute Gelegenheit, das her-vorragende Wegweisersystem des Vogesen-clubs kennenzulernen. Der 1872 gegründete Verein war die treibende Kraft bei der touris-tischen Erschließung der Vogesen, errichtete er doch im Elsass, in Lothringen und in der Franche-Comté ein Netz von Wanderwegen, Aussichtstürmen, Schutzhütten und Unter-

Auf der Aussichtsplattform der Hohenburg steht eine liebevoll gestaltete Orientierungstafel (links unten). Ein Fest für die Augen: der Blick von der Wegelnburg in den Pfälzerwald (rechts).

künften, die durch ehrenamtliche Mitglieder gepflegt werden.

Vom Burgenparkplatz sind es nur wenige Minuten zum Château de Fleckenstein, der berühmtesten und entsprechend vielbesuchten elsässischen Felsenburg, die uneinnehmbar auf einem 92 Meter langen und 40 Meter hohen Felsen errichtet wurde. Hier ist die Besichtigung ausnahmsweise kostenpflichtig; für Kinder werden Führungen durch den fiktiven Ritter Willy von Fleckenstein angeboten.

Vom Häuserensemble P'tit Fleck geht es anschließend hinauf zum Burgentrio Wegelnburg-Hohenburg-Löwenstein. Gleich zu Beginn unbedingt den Sentier des Roches rechts der Hauptroute nehmen! Der steile Wurzelpfad führt direkt am Langenfelsen vorbei, mit

seinen senkrechten Wänden ein Prachtexemplar von Kletterfelsen.

An der Wegspinne Col de Hohenbourg endet der Felsenweg, kurz darauf ist der Burgenkamm erreicht. Den Anfang macht die schiffsförmige Wegelnburg, mit 572 Metern die höchstgelegene Burgruine der Pfalz. Wo

---

Hin & weg: Burgparkplatz Fleckenstein, beschilderte Abzweigung von der D925 nördlich von Lembach. Buslinie 317 vom Bahnhof Wissembourg nach Lembach, dann noch 6 km Fußweg.

Beste Zeit: Ganzjährig (die Termine für die Besichtigung der Burg Fleckenstein findet man unter www. fleckenstein.fr).

Dauer & Strecke: 2,5–3 Std. Gehzeit (mit Besichtigung Fleckenstein 4 Std.), 7,5 km, 330 Hm.

Ausrüstung: Wanderschuhe, Regenschutz, Proviant.

könnte man einen besseren Blick über das Wäldermeer des Pfälzerwaldes mit seinen tief gestaffelten Kegelbergen genießen als hier?

Nur eine knappe Viertelstunde entfernt bietet die schroff aufragende Hohenburg eine ganz andere Perspektive: Man schaut weit in die Nordvogesen und zum mittleren Schwarzwald. Dann noch der Löwenstein, auf dem einst der Raubritter Lindenschmidt hauste, und westseitig hinunter zum Col de Hohenbourg, wo man sich entscheiden darf: direkt zurück oder noch auf ein Menü zum auf einer Almwiese gelegenen Gimbelhof (www.gimbelhof.com)?

FAZIT: EIN FEST FÜR BURGENFREAKS, FERNBLICKFREUNDE UND SCHLEMMER.

DORT HINTEN LIEGT AMERIKA

  ... ein Abend auf dem Grand Brézouard

 **# 4**

Brüschbuckel, »Heidekrautberg«, heißt der Brézouard im Elsässischen. Mit seinem flotten Zustieg und den ständig wechselnden Ausblicken ist er ein ideales Ziel abseits der überlaufenen Route de Crêtes sowohl für Elsassneulinge als auch für Vogesenkenner.

Mit seinen Hochwiesen
und Fernblicken ist
der Brézouard auch im
Spätwinter ein Erlebnis.

Das mehrgipfelige Massiv mit dem 1229 Meter hohen Hauptgipfel Grand Brézouard ist der Hausberg des Col des Bagenelles. Dieser Pass liegt etwas abseits der Hauptrouten und verbindet das obere Val d'Argent, das »Silbertal«, mit dem Vallée de la Béhine.

Besonders schön ist es auf dem Brézouard am frühen Abend. Dann kann man beim Blick in die untergehende Sonne einen verblüffenden Begriff von Weite entwickeln: Der nächste ähnlich hohe Berg auf dem

48. Breitengrad nämlich liegt 7700 Kilometer entfernt am Oberlauf des Missouri im US-Bundesstaat Montana.

Doch zunächst einmal wird man ein wenig schwitzen! Als Ausgangspunkt für die Gipfelbesteigung bietet sich der 1085 Meter hoch gelegene Berggasthof Auberge du Haycot an, ein strenges Gebäude, dem man ansieht, dass es schweren Stürmen zu trotzen hat. Als Wegorientierung dient zunächst das gelbe Kreuz Richtung Sainte-Marie-aux-Mines. Beim

Bummel durch die Hochweiden erkennt man im Norden den Doppelgipfel des Donon, den Rocher du Mutzig und die massige Gestalt des Champs du Feu.

Am Waldrand angekommen, weist ein Schild zum Brézouard. Hübscher und aussichtsreicher ist ein Wurzelpfad, der sich knapp rechts davon am Waldsaum hochzieht. Oben hält

Der Gipfel des Grand Brézouard gibt einen idealen Platz für ein Lagerfeuer ab (links). Erst im Frühjahr werden in der Auberge du Haycot wieder Gäste bewirtet (Mitte).

man sich links und gelangt so in fünf Minuten zur Wegspinne Place Arthur. Der Blick hinauf zum Gipfel offenbart die Folgen der Waldschäden, die der Orkan Lothar im Dezember 1999 hier verursachte.

Halbrechts beginnt der rund 20-minütige Schlussanstieg. Ein wenig erbaulicher, steiniger Weg wird schon bald von einem verwunschenen Pfad abgelöst, der den Blick nach Süden auf den Vogesenhauptkamm freigibt. Auf dem – von einem Grenzstein abgesehen – völlig naturbelassenen Gipfelplateau verhindern sturmzerzauste Edeltannen und Latschenkiefern ein Rundum-Panorama, nach Westen allerdings schaut man ungehindert über die tief gestaffelten Bergketten der lothringischen Vogesen.

Der Brézouard scheint Fernblicke in kleinen Häppchen anzubieten. Beim Abstieg über den Nordkamm ist der Osten dran, die Rheinebene

mit Colmar. Auf einem Sattel liegt das Refuge du Brézouard, eine unbewirtschaftete Hütte des Vogesenclubs. Ein Holztisch, Ofen, Brennholz, unter dem Dach ein paar Bettgestelle, eine Feuerstelle – genau richtig für Übernachtungsgäste, die das einfache Leben lieben.

In einem Linksbogen geht es zur Wegspinne Place Arthur, rechtshaltend am Naturfreundehaus Haycot (www.amis-nature.org) vorbei und nach einer Waldpassage auf dem bekannten Panoramaweg zur Auberge du Haycot.

Hin & weg: Col de Bagenelles (903 m) zwischen Le Bonhomme und Saint-Marie-aux-Mines. Busverkehr von Mitte Juli bis Mitte August (www.navettedes cretes.com). Vom Col beschildertes Fahrsträßchen zur Auberge du Haycot (1070 m, Tel. 0033/3898472146) und dort parken.

Beste Zeit: Ganzjährig.

Dauer & Strecke: 1,5 Std. Gehzeit, 4 km, 170 Hm.

Ausrüstung: Wanderschuhe, Wind- und Regenschutz.

FAZIT: EINMAL – IN GEDANKEN – VON EINEM SEHR SPEZIELLEN VOGESENGIPFEL BIS NACH AMERIKA SCHAUEN.

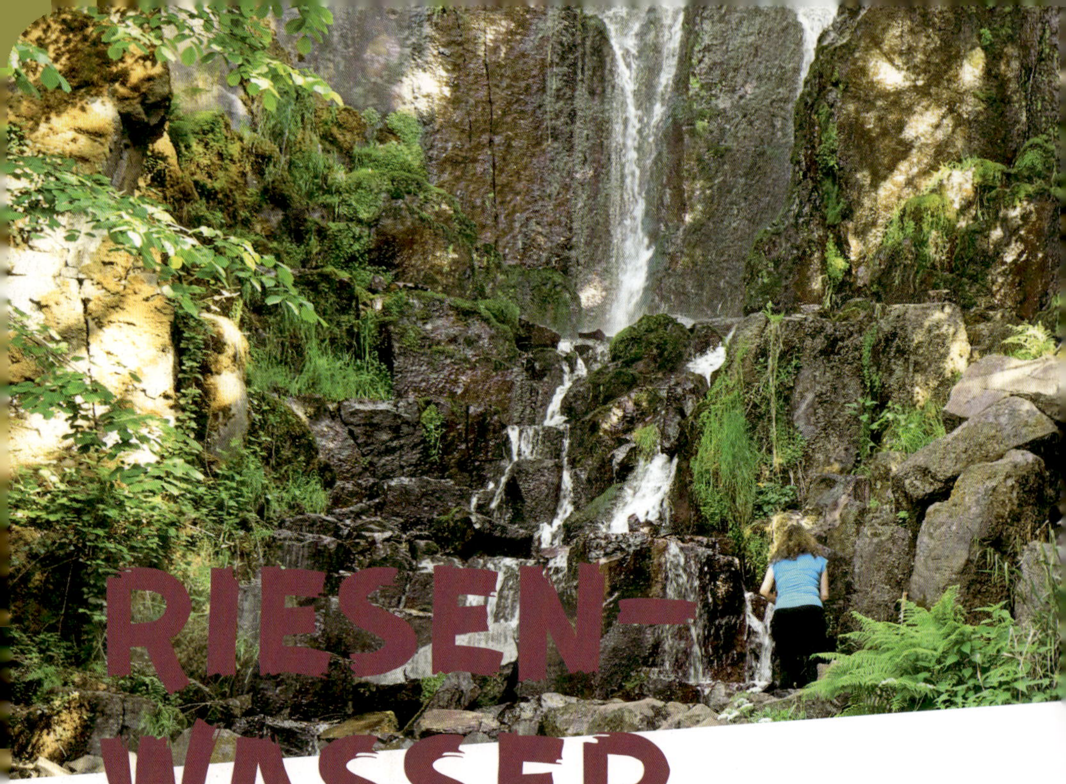

RIESEN-WASSER

... bei der Cascade du Nideck

#5

»Wasser geht immer!« Was für Kinder gilt, scheint auch bei Erwachsenen zu funktionieren – der Wasserfall von Nideck zählt zu den beliebtesten Zielen der Mittelvogesen. Praktisch, wenn dann noch eine Sagenburg daneben liegt, sodass sich beides kombinieren lässt.

#tosendeWasser #Burgendoppelpack #sagenhaft #GebrüderGrimm

Am Südhang des Bärenberges und des Schneeberges sammeln sich zahlreiche Rinnsale in einem Bergbach, der gemächlich durch einen Talkessel strömt, um dann plötzlich über eine senkrechte Felsmauer aus vulkanischem Gestein 25 Meter tief hinabzustürzen. Das ist die Cascade du Nideck, der schönste Wasserfall des Elsass. Dorthin führt ein halbstündiger Spaziergang durch ein wildromantisches Tal.

Je näher man dem Talschluss kommt, desto enger rücken die felsigen Bergflanken zusammen, desto lauter wird das Rauschen des Wasserfalls.

Nach einer ausgiebigen Rast an den – zumindest bis in den Juni hinein – tosenden Wassern kann man auf einem steilen Stufenweg zu einer Aussichtsplattform mit Blick über das

Beim Aufstieg zu den Nideck-Burgen wird der Zufluss der Cascade du Nideck überquert.

Nidecktal und zur massigen Berggestalt des Rocher de Mutzig aufsteigen.

Von dort ist es nur noch ein Katzensprung zu den Châteaux du Nideck. Jawoll, Plural, denn es sind genau genommen zwei Burgen, die da auf einer Kuppe mitten im Wald thronen, Ober- und Unter-Nideck. Von der um 1200 errichteten Oberburg sind noch die Schild-mauer und der im Französischen als Donjon bezeichnete Wohnturm erhalten. Die Anlage wurde zeitweise als Ganerbenburg genutzt, bei der sich mehrere Besitzer die Wohneinhei-ten teilten – ein frühes Eigentumswohnungs-Projekt also.

Etwas später kam die Unterburg dazu, als 20 Meter hoher viereckiger Bergfried – so werden die unbewohnten Wehrtürme der

mittelalterlichen Burgen genannt. An dem gut erhaltenen Gemäuer sieht man deutlich die Zangenlöcher, die zum Hochhieven der Bu-ckelquader notwendig waren.

Schon im 15. Jahrhundert wurde Burg Nideck wegen der abseitigen Lage aufgegeben. Über-dauert dagegen hat die Nideck-Sage, die von dem Romantikdichter Adelbert von Chamisso und den Gebrüdern Grimm überliefert wurde. Demnach bewohnten einst Riesen die Burg. Eines Tages brachte die Tochter des Hauses von einem Ausflug ins Tal Bauern und Pferde als lebendiges Spielzeug mit. Der Vater jedoch befahl ihr, diese umgehend zurückzubringen: »... kram alles sachte wieder ein und trag's an den nämlichen Platz, wo du's genommen hast. Baut der Bauer nicht sein Ackerfeld, so haben wir Riesen auf unserm Felsennest nichts zu leben.« Ein vernünftiger Mann!

Hin & weg: Parkplatz Cascades du Nideck 1 km westlich von Oberhaslach an der D218. Vom Bahn-hof Urmatt 6 km Fußweg.

Beste Zeit: März–Mai.

Dauer & Strecke: 1,5 Std. Gehzeit, 4 km, 200 Hm.

Ausrüstung: Sport- oder Wanderschuhe.

Und nach der Tour: auf einen Imbiss in die Auberge du Nideck (Mitte)! Schroffe Felsen umrahmen den wilden Talschluss des Nidecktals (rechts).

Heutige Nideck-Besucher sind nicht von Hunger bedroht: Unten im Tal bietet ein uriges Café (www.auberge-nideck.alsace) kleine Imbisse und Flammkuchen an. Übernachten kann man hier auch, sofern man nicht etwas weiter talabwärts den Camping du Luttenbach des Vogesenclubs (www.club-vosgien.eu) oder die dazugehörige Gite d'Étape bevorzugt.

Tipp: Anschließend kann man sich in Oberhaslach einen Skulpturenweg vorknöpfen, zu dem acht internationale Bildhauer aus Sandsteinblöcken gehauene Werke beigetragen haben.

> **FAZIT: ETWAS FÜR FAMILIEN MIT SPAß AN WASSER, FELSEN, BURGEN UND SAGEN.**

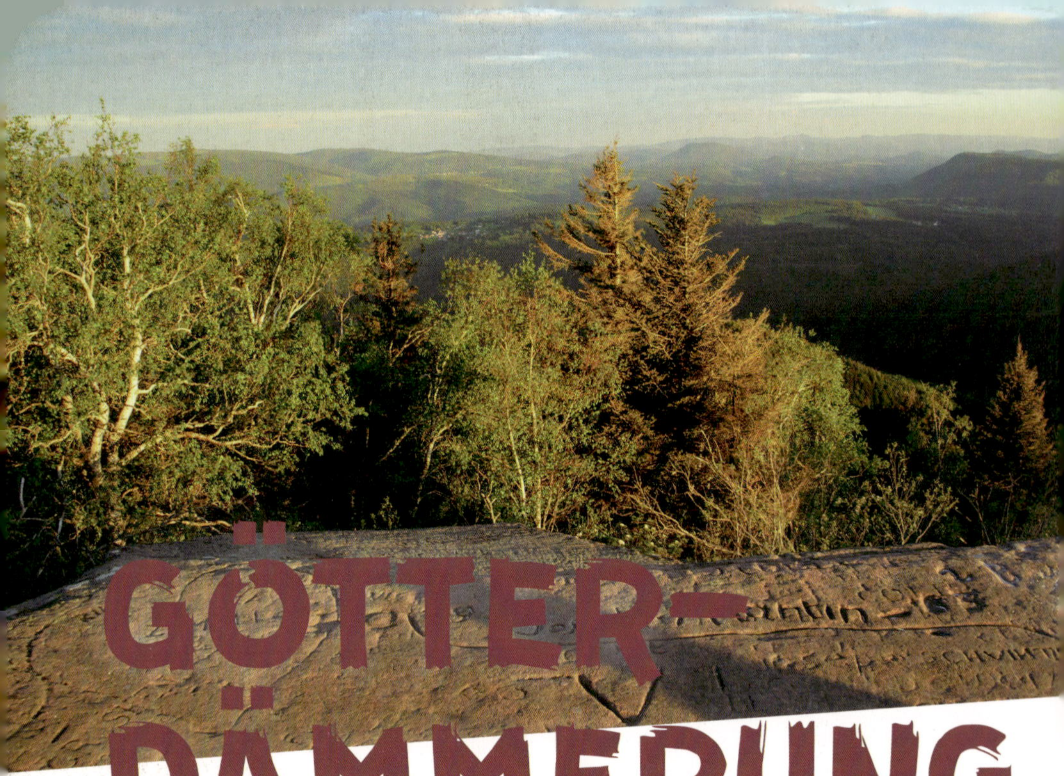

GÖTTER-DÄMMERUNG

… am Keltenheiligtum auf dem Donon

#6

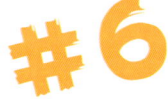

Würde man einen Elsassneuling beim Blick auf die Silhouette der mittleren Vogesen fragen, ob wohl ein heiliger Berg dabei sei, er würde auf den Donon zeigen. Und in der Tat: Über mehrere Jahrtausende war der 1009 Meter hohe Doppelgipfel eine Stätte von spiritueller Bedeutung.

#Druidentreffpunkt #echtKult #Vosegus #heiligerBerg

Eine magische
Stunde, wenn man
am Vosegustempel
dem Sonnenuntergang
entgegenfiebert.

Zahlreiche Funde lassen darauf schließen, dass der Donon schon in der Jungsteinzeit als Kultplatz diente. Die Kelten verehrten hier den Berggott Vosegus, der als Namenspatron der Vogesen gilt. In gallo-römischer Zeit verschoben sich die Kulthandlungen zu Merkur, Jupiter und dem Waldgott Sylvanus, denen jeweils ein eigener Tempel gewidmet war.

Nach der Christianisierung verfielen die Anlagen, die frühen Christen fürchteten den Gipfel. Erst eine expeditionsartige Besteigung durch zwei Geistliche im Jahr 1692 holte den Donon aus seinem Jahrhunderte währenden Dämmerschlaf hervor. Mit ihren akribischen Aufzeichnungen setzten die beiden Äbte die wissenschaftliche Erforschung des Berges in Gang. Der Donon wurde zum Tummelplatz für Archäologen, Historiker – und Plünderer, vor denen man viele Relikte in Museen in Épinal und Straßburg in Sicherheit bringen musste. Im Jahre 1869 wurde anlässlich eines Besuches von Kaiser Napoleon III. der heutige Vosegustempel auf dem Grand Donon errich-

tet, um an die kultische Bedeutung des Berges zu erinnern.

Am eindrücklichsten entfaltet der Donon seinen Zauber spätnachmittags oder am frühen Abend. Geschmackssache, ob man lieber direkt auf dem Sentier du Donon aufsteigt oder auf einem Rundweg den Gipfel von hinten angeht. Dafür biegt man nach einem ersten Waldstück nach links von der Hauptroute ab, läuft auf einem Forstweg in der Westflanke des Berges Richtung Col entre les Deux Donons und zweigt dann rechts zum Gipfel ab.

Der direkte Weg folgt der Beschilderung, sieht zunächst nach Elefantenpfad aus, wandelt sich aber bald zu einem zünftigen Bergweg. Jetzt geht es Schlag auf Schlag: inmitten

großer Steinblöcke der Druidenaltar, ein keltischer Schalenstein, dann die zu Ehren von Wilhelm II. angelegte Kaisertreppe, ein keltischer Ringwall ... und endlich der auf einem Felsen thronende Tempel.

Was für ein atemberaubendes 360-Grad-Panorama! Wer unverschämtes Wetterglück hat,

---

Hin & weg: Col du Donon (718 m) an der D392 zwischen Schirmeck und Abreschwiller, großer Parkplatz etwas östlich der Passhöhe Richtung Abreschwiller.

Beste Zeit: Mai–Oktober.

Dauer & Strecke: 2–3 Std., 5 km, 250 Hm.

Ausrüstung: Wanderschuhe, Proviant und etwas zum Anstoßen, Taschenlampe.

Schon die Kelten hielten auf dem Donon Versammlungen ab (links unten). Könnte es einen besseren Platz für einen Vogesentempel geben als den Gipfel des Donon (Mitte)?

sieht nicht nur zum Schwarzwald und zu den Hochvogesen, sondern bis zu den Alpen. Am Abend beeindruckt besonders der Blick gegen die Sonne, der über die Täler der Sarre Rouge und der Sarre Blanche, der beiden Quellflüsse der Saar, weit nach Lothringen reicht.

Gute Gründe, die Rückkehr so lange wie möglich hinauszuzögern. Dann aber schnell hinab, bevor es zu dunkel wird – es sei denn, man hat eine Stirnlampe eingepackt! Einkehren und übernachten kann man unweit der Pass-

höhe in den Hotels Velleda oder Donon, die unter gemeinsamer Leitung betrieben werden (www.donon.fr).

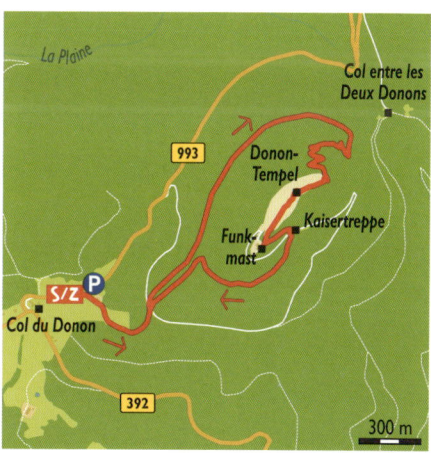

Das 3.
Württembergische
Jägerbataillon
seinen im feldzug
gegen Frankreich
1870-71
gefallenen tapferen
Kameraden

AUCH DAS IST ELSASS

... auf den Schlachtfeldern von Wœrth-Frœschwiller

#7 *Friedlich und idyllisch wirkt die Hügel-
landschaft um Wœrth, und doch: Hier
fand eine der fürchterlichsten Schlachten
des Deutsch-Französischen Krieges von
1870-71 statt. Ein landschaftlich hübscher
Rundgang führt zu den Monumenten
und Grabsteinen, die an das Geschehen
erinnern.*

rischen Werken – ein regelrechter Schlacht-
feldtourismus, mit einer neuen Eisenbahnlinie
und achtzehn Hotels und Restaurants in den
beiden kleinen Gemeinden.

Mit dem Abstand von eineinhalb Jahrhunder-
ten kann man heute – auch mit Kindern –
recht gelassen über die Viehweiden, Felder
und Streuobstwiesen streifen, auf denen sich
die Schlacht ereignete. Vom Parkplatz folgt
man kurz einem Radweg, überquert die Straße und geht hinter einem Industriegebäude
auf den Waldrand zu. Dort findet man die für
den ganzen Rundweg gültige Markierung Roter Ring.

Den Anfang macht ein Pfad, der an die »Tur-
kos« genannten algerischen Kämpfer in der
französischen Armee erinnert. In Frœschwiller, einem charmanten Bauerndorf, schwenkt
die Route nach links in die Rue Principale. In
den beiden nach dem Krieg neu aufgebauten
Kirchen hängen Glocken, die aus französischen Kanonen gegossen wurden. Ein Blick in
das Innere der Kirchen lohnt sich allein wegen der unterschiedlichen Baustile – neuro-
manisch die katholische Église Saint-Michel,
neugotisch die lutherische Église de la Paix.
Nur von außen zu bewundern hingegen ist das
Château de Frœschwiller, das sich in Privatbe-
sitz befindet.

Begonnen hatte alles recht harmlos. Nach
der Schlacht bei Weißenburg wurden kleine-
re Einheiten der beiden Kriegsparteien nach
Wœrth und Frœschwiller verlagert; daraufhin
kam es zu überschaubaren Scharmützeln. Als
innerhalb weniger Tage jedoch ganze Divisio-
nen dorthin beordert wurden, eskalierte das
Geschehen am 6. August 1870.

Anderntags waren mehr als 18 000 Solda-
ten tot, Deutschland hatte »gesiegt«. Die
Bevölkerung aber musste sich über Wochen
um Verwundete, Leichen und Pferdekadaver
kümmern. Neun Monate später war der Krieg
zu Ende, das Elsass wurde ans Deutsche
Reich angegliedert. Dann begann das große
Geschäft: In Windeseile entwickelte sich – un-
terstützt von Reiseliteratur und militärhisto-

Hin & weg: Wœrth, Parkplatz am Ortsschild
Richtung Lembach. Buslinie 310 vom Bahnhof
Haguenau.

Beste Zeit: Ganzjährig.

Dauer & Strecke: 3 Std. Gehzeit (mit Museum
1–2 Std. mehr), 9 km, 95 Hm.

Ausrüstung: Sport- oder Wanderschuhe, Regenschutz, Proviant.

Schon im 14. Jahrhundert erbaut, 1890 nach Zerstörung neu errichtet: das Château de Froeschwiller (Mitte).
Geht doch! Originelle französisch-deutsche Freundschaftsbekundung 150 Jahre nach der Schlacht (rechts unten).

Über ein aussichtsreiches Plateau geht es zum blumengeschmückten Örtchen Elsasshausen und zum Aussichtsturm Tour Mémorial d'Elsasshausen, von dem man das gesamte einstige Schlachtfeld überblickt. Ein kurzer Abstieg führt zurück nach Wœrth. Dort hat man als Rohmaterial für die Glocke der lutherischen Stadtkirche ein gestürztes Kaiser-Friedrich-Monument benutzt. Im Schloss von Wœrth ist das Musée de la Bataille du 6 Août 1870 (www.webmuseo.com/ws/musee-woerth)

untergebracht, mit Gemälden, einem Diorama mit 4000 Zinnsoldaten und einer großen Sammlung von Kriegsmaterialien.

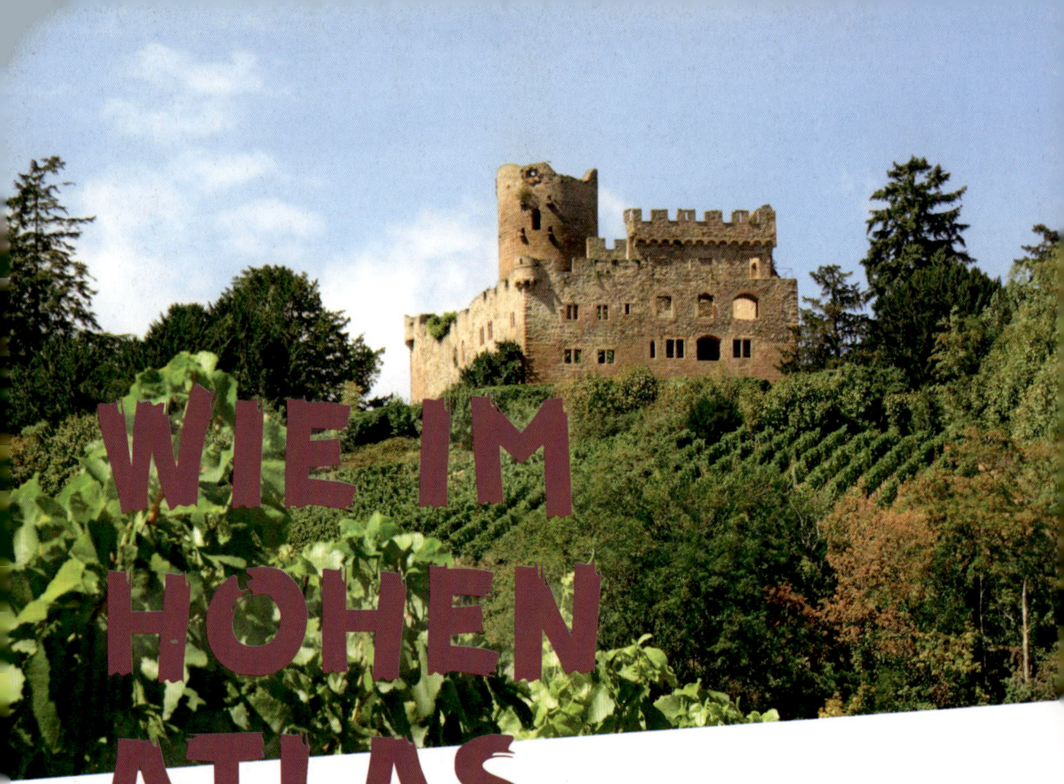

WIE IM HOHEN ATLAS

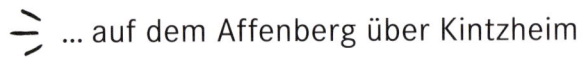 ... auf dem Affenberg über Kintzheim

8

Störche, Wildschweine, Gämsen – an größerem Getier mangelt es im Elsass nicht. Aber Affen? Doch, es gibt sie: An der Auffahrt zur vielbesuchten Hohkönigsburg liegt La Montagne des Singes, der »Affenberg«, wo mehr als 200 Berberaffen in fast völliger Freiheit leben.

Mit dem Auto direkt zum Affenberg (www.montagnedessinges.com) hochzufahren mag zwar bequem sein, dramaturgisch geschickter aber ist es allemal, zu Fuß hinaufzusteigen. Kinder wird man mit der Aussicht auf das Affenspektakel leicht zu der kleinen Wanderung bewegen können – allerdings sollte man das gefürchtete W-Wort unbedingt vermeiden. Stattdessen: »Wir gehen zu den Affen.« So wird der dreiviertelstündige Aufstieg wie im Flug vergehen.

Nach dem Auftaktbummel durch die Ortsstraße von Kintzheim, einem mit seinen blumengeschmückten Fachwerkhäusern so ganz elsässischen Weindorf, folgt man der Straße zur Hohkönigsburg und zweigt am Waldrand an einem großen Parkplatz zur Burgruine Châ-

Sichtlich wohl fühlt sich dieser Berberaffe in dem großzügigen Parkgelände. Wenn man schon einmal hier ist: Warum nicht noch die benachbarte Hohkönigsburg mitnehmen (rechts)?

teau de Kintzheim ab, die 100 Meter über dem Dorf thront. Besuchen wird man sie erst auf dem Rückweg, der Affenberg geht vor.

Noch eine halbe Stunde in einem Kiefern- und Kastanienwald – zur Erntezeit ein gutes Terrain für »Keschtasammler« – und man gesellt sich an der Kasse zu Sitzbergsteigern, die nicht ahnen, was ihnen entgangen ist. Mit Popcorn zum Füttern und Kopfhörern für deutschsprachige Informationen geht es nun auf einem Rundweg durch das 24 Hektar große Gelände.

Die Berberaffen leben in dem freundlichen Wald fast wie in ihrer angestammten Umgebung, den Bergwäldern des Hohen Atlas. An kalt-feuchte Winter und warm-trockene Sommer sind sie bestens angepasst und brauchen deshalb anders als die meisten anderen Affenarten keine beheizten Unterkünfte, sondern

können ganzjährig draußen bleiben. Einzeln, in Paaren oder in kleinen Gruppen turnen sie durch den Wald, lausen sich auf Baumstämmen kauernd oder vergnügen sich an einem der künstlich angelegten Wassertümpel. Von den Besuchern nehmen sie wenig Notiz – es sei denn, sie erspähen eine Popcorntüte. Etwa im Dreiviertelstundentakt macht sich bei Affen wie Menschen Aufregung breit: Fütterungszeit! Menschen bekommen ihr Futter später in einer Gaststätte vor dem Gehege.

Dann aber hinunter zum Château de Kintzheim! Die Burg ist nur in der Sommersaison geöffnet, der Eintritt ist kostenpflichtig, denn seit 1968 ist die beeindruckende mittelalterliche Ruine Sitz einer vielbesuchten Greifvogelschau (www.voleriedesaigles.com). Bei einer 40-minütigen Vorführung kann man Geier, Adler, Uhus und Bussarde am Boden und in der Luft erleben.

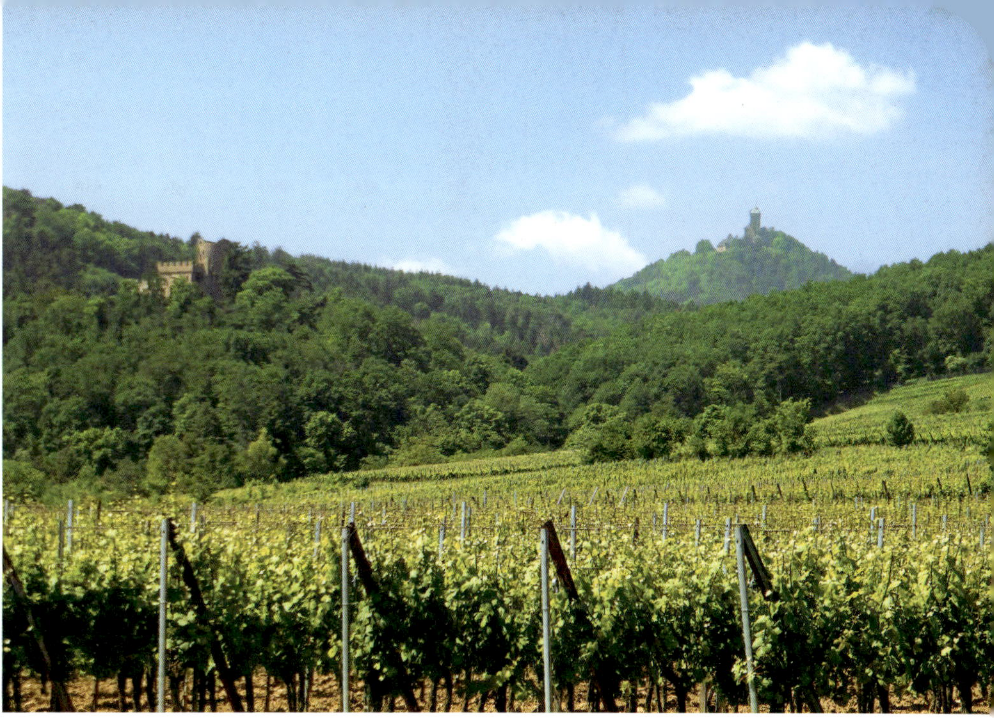

Tipp: Wer die Eskapade gänzlich zum kindgerechten Tiertag machen möchte, besucht noch den Storchenpark Cigoland in Kintzheim (www.cigoland.fr), einen wilden Mix aus Tierpark und Jahrmarkt.

Hin & weg: Kintzheim, Parkplatz aus Richtung Straßburg kommend im Ort rechts an der Kirche Notre-Dame-du-Bon-Secours. Buslinie 500 ab Bahnhof Sélestat.

Beste Zeit: Ganzjährig.

Dauer & Strecke: 1,5–2 Std. Gehzeit, 6 km, 220 Hm.

Ausrüstung: Sport- oder Wanderschuhe, Regenschutz, im Frühherbst Beutel zum Kastaniensammeln.

SPUREN DER EISZEIT

 … im Vallée de la Wormsa

 *Üppige Wiesen, ein klarer Gebirgsbach, wilde Bergkessel, Geröllhänge – schon bei der Anfahrt durch das Tal der Fecht nach Mittlach wähnt man sich eher in den Alpen denn in einem Mittelgebirge. Und tatsächlich kann man im Vallée de la Wormsa das Wirken eiszeitlicher Gletscher studieren.*

Der Lac Fischboedele gilt als einer der schönsten Bergseen der Vogesen.

In drei Eiszeiten haben Gletscher dort ganze Arbeit geleistet – das Tal U-förmig eingekerbt, Rundhöcker glattgeschliffen, den beim Fließen des Gletschers mitgeführten Schutt zu Moränen aufgeworfen. Die Hänge sind mit Blockgeröll bedeckt, entstanden durch den nachlassenden Bodendruck nach dem Abschmelzen des Gletschers. Für das ungeübte Auge eher unauffällig erscheinende Wälle, die quer zum ebenen Talgrund liegen, sind Endmoränen, die der Gletscher bei seinem allmählichen Rückzug hinterließ.

Über sieben Kilometer – vom Hohneckgipfel bis nach Metzeral – dehnte sich der Gletscher in der letzten Eiszeit aus, der Würm-Kaltzeit, die etwa vor 70 000 Jahren begann und vor 10 000 Jahren endete. Beim Aufstieg durch das Vallée de la Wormsa zum Lac Fischboe-

dele gibt es also nicht nur einen landschaftlichen Hochgenuss, sondern nebenbei auch noch einen Grundkurs Eiszeit gratis.

Zunächst wandert man etwas talabwärts durch das Tal der Fecht, dann geht es unvermittelt links hinein ins Wormsatal und auf dem Sentier de la Wormsa wenig steil, aber beständig bergauf. Der traditionsreiche Pfad verläuft auf einer Seitenmoräne des Glet-

Hin & weg: Mittlach, öffentlicher Parkplatz gegenüber vom Hôtel Valneige. Vom Bahnhof Munster mit der Buslinie 217.

Beste Zeit: April–November.

Dauer & Strecke: 2 Std. Gehzeit, 6,5 km, 290 Hm.

Ausrüstung: Feste Wanderschuhe, Wetterkleidung, Proviant.

Steinig, aber sehr abwechslungsreich ist der Aufstieg über die Seitenmoränen eines eiszeitlichen Gletschers und entlang des Wormsabaches.

schers – kein Wunder, dass es hier steinig ist. Weit hinten im Tal beginnt der spektakulärste Teil des Aufstieges, die Passerelles de la Wormsa, ein vom Vogesenclub angelegter Steig. Er führt durch einen urzeitlichen Bergwald am wildesten Teil des Wormsabaches entlang zum Lac Fischboedele.

Das kreisrunde Seelein wird von einem natürlichen Felsriegel aufgestaut, dem – im Gegensatz zu den anderen Vogesenseen – nur durch ein kleines Mäuerchen nachgeholfen wurde. Welch starkes Erlebnis, über die meist spiegelglatte Seeoberfläche hinaufzuschauen zu dem bei Kletterern beliebten Spitzköpfe-Grat (Eskapade #41), zum urzeitlichen Wormsawald, zu den mächtigen Blockhalden in der steilen Flanke des 1350 Meter hohen Kastelberges! Wie gemalt steht am Ufer ein kleiner Pavillon, die Gloriette du Lac de Fischboedele. Hier nicht ausgiebig zu rasten dürfte sogar den umtriebigsten Zeitgenossen schwerfallen.

Auf dem gleichen Weg geht es zurück nach Mittlach, wo sich die Wormsagänger im Hôtel Valneige treffen (www.hotelrestaurant valneige.fr). Für einen längeren Aufenthalt in dieser ergiebigen Gegend kann man sich auch die Chalets de la Wormsa etwas talabwärts vormerken (www.alsace-chalets.fr).

FAZIT: GROSSES KINO KÖNNTE MAN ZU DIESER KURZTOUR SAGEN, ABER WAS IST SCHON KINO GEGEN DAS ECHTE ERLEBNIS?

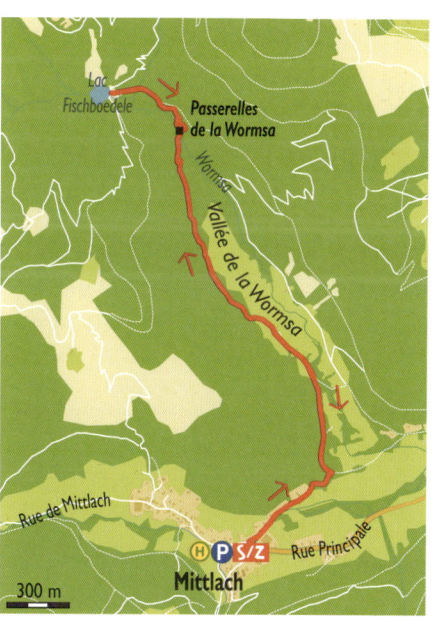

45

→ ABSTECHER...

KRISTALL-KLARER SPAß

 ... am Lac de Longemer

#10

Ohne Wasser ist alles nix. Im Hochsommer gibt man sich nicht damit zufrieden, die Füße in einen Vogesenbach zu hängen oder sich auf einem der elsässischen Flüsse im Kanu treiben zu lassen, da will man einfach raus an den See – Faulenzen, Schwimmen, Paddeln, Tretbootfahren ...

Angler, Tretbootfahrer und Am-Ufer-Sitzer – am Lac de Longemer finden alle ihr Glück.

Mit Badeseen ist das Elsass allerdings nicht gerade gesegnet. Einige Baggerweiher in der Rheinebene, ein paar Wooge in den Nordvogesen und der Stausee Lac de Kruth-Wildenstein unterhalb des Grand Ballon, das war's dann auch schon. Zwar gibt es in den Südvogesen über ein Dutzend sehr verlockende Karseen, dort aber ist Baden nicht erlaubt, da sie als Trinkwasserreservoire dienen. Anders sieht es auf der lothringischen Westseite der Vogesen aus, wo der Lac de Pierre-Percèe, der Lac de Gérardmer und der Lac de Longemer ideale Bedingungen für Badefreunde und Wassersportler bieten.

Also fährt man vom Col de la Schlucht an der Höhenstraße Route des Crêtes in einer Viertelstunde hinunter zum Lac de Longemer und schert sich nicht darum, ob der See nun zu einem elsässischen oder lothringischen Département gehört. Mit seiner Lage in über 700 Metern Höhe, den steilen Bergflanken an seinen Seiten, seiner Gletscher-Vergangenheit und seinem kristallklaren, kühlen Wasser hat der zwei Kilometer lange See alle Merkmale eines Bergsees.

Wohl ist der Lac de Longemer mit drei Campingplätzen am Wasser durchaus belebt – als überlaufen oder trubelig wird man ihn aber allenfalls zur französischen Hauptreisezeit im August bezeichnen. Dazu passt, dass der See als Anglerparadies gilt.

Badeplätze gibt es am Nord- und Südufer. Boote kann man an mehreren Stellen mieten, Tretboote beispielsweise am Restaurant

Hin & weg: Xonrupt-Longemer, Parkplätze am See in der Rue de la Plage oder am Nordufer. Mit der Buslinie 1B vom Bahnhof Munster.

Beste Zeit: Juni–September.

Dauer & Strecke: Je nach Gusto ein paar Stunden oder ein ganzer Tag; Spaziergang rund um den See 1,5 Std., 5,5 km.

Ausrüstung: Badesachen, eventuell gehtaugliche Schuhe.

So präsentiert sich der zwei Kilometer lange Gletschersee von der Route des Crêtes.

La Clairiere (www.la-clairiere-88.fr). Keine schlechte Idee, danach in der Abendsonne noch ein wenig am Ufer entlang zur Chapelle Saint-Florent zu spazieren oder – falls man nach all der Faulenzerei Hummeln im Hintern hat – den Lac de Longemer ganz zu umrunden.

Tipp: Die drei Campingplätze am See sind allesamt sehr angenehm und heißen Les Jonquilles (www.camping-jonquilles.com), Du Lac (www.campinglaclongemer.fr) und Verte Vallée (www.campingvertevallee.com).

> **FAZIT: KRISTALLKLARES WASSER, LANDSCHAFTLICH SCHÖNE LAGE UND SYMPATHISCHE ATMOSPHÄRE – EIN HOCHSOMMERGENUSS.**

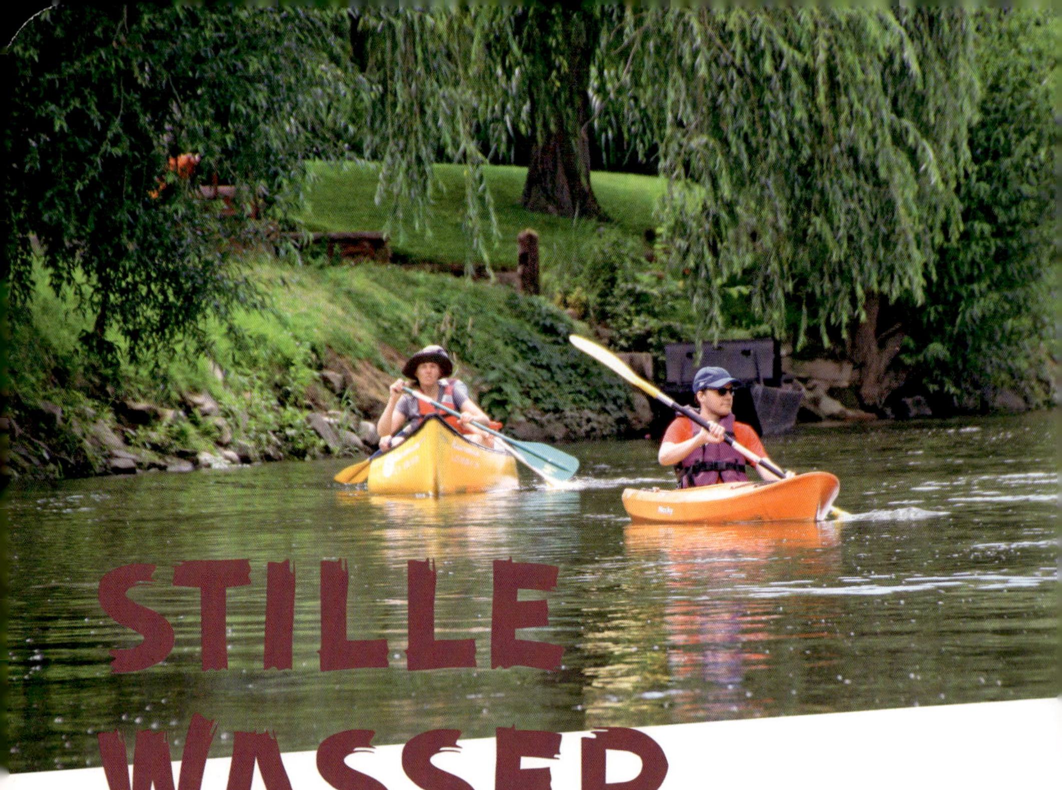

STILLE WASSER

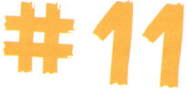

… eine Kanutour durch das Grand Ried

#11

Auf ihrem weiten Weg durch die Rheinebene durchfließt die Ill, der größte elsässische Fluss, das Grand Ried, eine Schwemmlandschaft aus Wiesen, Feldern und Auenwäldern. Zwischen Colmar und Sélestat gibt sie einen formidablen, auch für Anfänger geeigneten Kanufluss ab.

#PaddelSpaß #Leinenlos #DerWiderspenstigenZähmung #Pauseninsel

Widerspenstig ist sie, diese Ill. Sie probiert es nach ihrem Ursprung im elsässischen Jura zuerst ostwärts, dann westwärts, entscheidet sich dann aber für den Norden. Könnte eigentlich jetzt dem nahe gelegenen Rhein zustreben, weigert sich aber beharrlich, passiert lieber Mulhouse, Colmar und Sélestat und nimmt dabei fast alle Flüsse der Süd- und Mittelvogesen auf. Dann, nach 217 Kilometern, ergibt sie sich endlich und fließt bei Straßburg doch in den Rhein – nicht jedoch ohne den Versuch, in der Niederlage ihre Identität zu verschleiern, indem sie sich in mehrere Nebenarme aufspaltet.

Dass die Ill die Nase so hoch trägt, mag darin begründet sein, dass der Name »Elsass« häufig von der Ill abgeleitet wird – die Alemannen, die während der Völkerwanderungszeit hier hausten, bezeichneten sich als »Ill-Sassen«, woraus dann »Elsass« entstanden sein soll.

Auf der hier vorgeschlagenen Kanustrecke zwischen Ostheim und Sélestat ist die Ill ein fast durchgängig naturbelassenes Gewässer, das sich durch Felder und stille Wälder schlängelt. Auch wenn der Fluss hier meist träge dahinfließt: Wer keine Erfahrung hat, sollte sich einer geführten Tour anvertrauen, es gibt doch

Vor dem Kajak-Parcours von Sélestat endet für die meisten Kanuten die Fahrt auf der Ill.

einige kurvige Stellen und mitunter dichten Bewuchs oder umgestürzte Bäume.

Als Einstiegsstelle eignet sich das Maison Rouge auf halbem Weg zwischen Ostheim und Jebsheim. Das erste Drittel der Strecke bis Illhaeusern ist von zahlreichen Flusswindungen geprägt, in denen sich Kiesstrände gebildet haben. Da hier viele Vögel und Schwäne ihren Lebensraum haben, sollte man – auch wenn die Verführung groß ist – während der Brutzeit zwischen April und Juni an den Stränden nicht aussteigen.

Im hübschen Dörfchen Illhaeusern, wo die aus dem Munstertal kommende Fecht in die Ill mündet, kann man anlanden, sich umkleiden und der elsässischen Küche hingeben – zwar wohl eher nicht in der Auberge de l'Ill, dem Sternelokal der Gebrüder Haeberlin, dafür aber im Restaurant À la Truite (www.restaurant-alatruite.com). Anschließend geht es an einer Flussverzweigung im Ort halblinks weiter. Nach einer ruhigen Passage, dem Rivière des Sables, kommt man in den schönen Illwald, wo sich einige kleine Inseln für eine Pause eignen.

Hin & weg: Nahe dem Maison Rouge zwischen Ostheim und Jebsheim gibt es neben einer Brücke einen öffentlichen Parkplatz. Die Rückfahrt zum Ausgangspunkt wird vom Kanuverleiher organisiert.

Beste Zeit: April–Oktober.

Dauer & Strecke: 3 Std. Paddelzeit, 15 km, 18 Hm.

Ausrüstung: Kanu oder Kajak (Verleih und geführte Touren über www.canoes-du-ried.com, www.alsace-canoes.com oder www.wildsport-tours.de), Regenschutz, Proviant, eventuell Wechselkleidung für Restaurant-Besuch.

Das letzte Drittel der Kanutour führt durch die Wiesen des Grand Ried zu einer Tragestelle: Eine Betonschwelle an der Überführung der D424 muss am rechten Ufer umgangen werden. Durch niedriges Wasser trudelt man dann bis Sélestat und zur Ausstiegsstelle an der Wassersportanlage Canoës du Ried rechts hinter einer Brücke. Aufpassen: Direkt dahinter liegt ein Kajak-Parcours!

FAZIT: WIE ANDERS DIE WELT DOCH AUSSIEHT, WENN MAN IM KANU SITZT! DSCHUNGELATMOSPHÄRE, WASSERVÖGEL, STILLE …

Grands Cru

ETWAS FÜR WEIN- SCHMECKER

... auf dem Winzerpfad von Hunawihr

#12 *Wer das Elsass in seiner ganzen Vielfalt erleben möchte, wird einen Weinberg- spaziergang nicht missen wollen. Einer der schönsten ist der Sentier Viticole des Grands Crus, ein Winzerpfad, der die bes- ten Weinlagen im Dreieck Riquewihr, Huna- wihr und Mittelberg miteinander verbindet.*

Unbehelligt von Durchgangsverkehr kann man in Zellenberg durch die alten Winzergassen schlendern.

Rund um Ribeauvillé und Riquewihr werden besonders viele der elsässischen Spitzenweine erzeugt, die Grands Crus. Möchte man dem Rummel dieser touristisch stark frequentierten Weinorte entgehen und sich mit einem Teilstück des Winzerpfades begnügen, bietet sich ein Spaziergang von Hunawihr nach Zellenberg an.

Schon bei der Anfahrt auf Hunawihr wird man dem Charme dieses sehr ursprünglichen Winzerdorfs erliegen, das sich harmonisch in die Weinberge schmiegt und mit der aus dem 8. Jahrhundert stammenden Wehrkirche Saint Jacques-le-Majeur einen weithin sichtbaren Blickfang bietet. Am Brunnen Sainte-Hune findet man Anschluss an den Winzerpfad und läuft mit Blick zum Kaiserstuhl und zum Schwarzwald in einer guten halben Stunde hi-

nüber nach Zellenberg – die Dorfbesichtigung von Hunawihr hebt man sich als krönenden Abschluss auf.

Dicht gedrängt stehen die wenigen Häuser von Zellenberg auf einem aus den Weinbergen ragenden Hügel. Durch den fast rechteckigen Dorfkern ziehen sich zwei parallel verlaufende Sträßchen, auf denen man unbelästigt vom Durchgangsverkehr die historischen Winzer-

Hin & weg: Hunawihr, Parkplatz am südlichen Ortsrand am Brunnen Sainte-Hune. Buslinie 106 vom Bahnhof Colmar.

Beste Zeit: Juni–November.

Dauer & Strecke: 1,5–2 Std. Gehzeit, 5 km, 120 Hm.

Ausrüstung: Wanderschuhe, Regenschutz, Proviant.

Von Zellenberg schweift der Blick weit über die Rebenhänge, bevor es zurückgeht nach Hunawihr und zum
Beginn des Winzerpfades am Brunnen Sainte-Hune.

höfe inspizieren kann. Was Weinkenner besonders interessiert: Die besten Lagen hier
heißen Froehn, wo vor allem Gewürztraminer
angebaut wird, und Schoenenbourg, wo der
Riesling dominiert.

Zurück nach Hunawihr nimmt man zunächst
den gleichen Weg, kann dann aber am Ortsrand als Alternative zum Sentier Viticole den
Ringenschieleweg nehmen, der genau auf die
Wehrkirche zuläuft. Noch einmal wird man
dort den weiten Blick über die Rheinebene
genießen, bevor man durch die engen Gassen
mit ihren Renaissance-Winzerhäusern und
schönen Brunnen schlendert. Wen wundert's,
dass Hunawihr in die Liste der »Plus Beaux Vil-
lages de France« aufgenommen wurde? Hier
ist es die Weinlage Rosacker, welche mit ihrem Pinot Gris besonders reüssiert.

Tipp: Die Stippvisite in Hunawihr mit dem
Besuch des Schmetterlingsparks Jardin des
Papillons abschließen und in klimatisierten
Glashäusern die Welt der schönen Falter auf
sich wirken lassen! Direkt daneben kann man
im Parc des Cigognes die Aufzucht von Stör-
chen beobachten.

Und noch ein Tipp: Von Mitte Juli bis Mitte
September bieten einheimische Winzer Wein-
bergspaziergänge mit anschließender Keller-
besichtigung und Dégustation an.

BEEREN-HUNGER

... am Tanet

Bricht der Jäger und Sammler im modernen Menschen durch, so muss er, da das Jagen einer kleinen Kaste vorbehalten ist, essbare Früchte pflücken oder auflesen. In den Hochvogesen gilt das Sammelfieber den Heidelbeeren, die in lichten Bergwäldern und auf baumlosen Hochflächen in rauen Mengen wachsen.

#Augenauf #blauesGold #Beerenverzehren #leckereRunde

Reiche Ernte! Aber nicht immer erwischt man ein starkes Heidelbeerjahr.

Um unmäßiges oder kommerzielles Sammeln zu verhindern, gibt es je nach Gemeinde unterschiedliche Regeln für Heidelbeersucher; bei Verstößen drohen empfindliche Bußgelder. Wer von der Hand in den Mund sammelt oder sich auf eine kleine Menge für den Eigengebrauch beschränkt, ist aber auf der sicheren Seite – zumindest außerhalb von Naturschutzreservaten, in denen das Verlassen der Wege sowieso untersagt ist.

Auf dem Weg zum Tanet, einem 1292 Meter hohen Berg im Hauptkamm der Südvogesen, wird man mühelos fündig werden. Hier gedeihen neben den *myrtilles*, dem blauen Gold der

Vogesen, auch die nicht minder schmackhaften Preiselbeeren.

Von der in Karten als Seestaettle ausgewiesenen Ferme Auberge du Tanet (www.auberge dutanet.com) stromert man zunächst über einen Skihang und dann im Bergwald zum Wurzelstein, einem beliebten Kletterfelsen. Jetzt Hände weg von den Beeren – Naturschutzgebiet! Noch wenige Minuten auf einem steinigen Kammpfad und man steht auf dem Gipfel des Tanet, der im Westen sanft zum Tal der oberen Meurthe abfällt, nach Osten hin dagegen über eine 100 Meter hohe Felswand in einen eiszeitlichen Karboden abbricht.

Die Wege zu verlassen ist am naturgeschützten Gipfel des Tanet das Privileg der Vogesenrinder.

Warum sich nicht sofort einem Heidelbeer-kuchen, der Tarte aux Myrtilles, hingeben? Zu Hause geht's so:

Tarte aux Myrtilles

Teig:
250 g Mehl
125 g Butter
60 g Zucker
2 EL Eiswasser
1 TL Weißweinessig

Guss:
500 g Heidelbeeren
2 Eier
2 EL Crème fraîche
2 EL Zucker
1 EL Grappa oder Kirsch

Will man aus der Heidelbeer-Eskapade einen Rundweg machen, läuft man südwärts über den Bergrücken Le Haut Fourneau und biegt kurz vor der Waldgrenze links ab, um zur grandios gelegenen Ferme Auberge Schupferen hinunterzulaufen (Tel. 0033/389773123, nur am Wochenende geöffnet). Im Freien oder in der urigen Gaststube labt man sich an einem warmen Ziegenkäse, an »Fleischschnacka«, einer mit Elsässer Wein zubereiteten Fleischpastete, und am »Siesskas«, einem gezuckerten und mit Kirschwasser übergossenen frischen Münsterkäse. Etwas abseits des Rückweges zur Ferme Auberge Seestaettle lockt die Auberge Schantzwasen (www.auberge-schantzwasen.com) mit hervorragender Kost, hübschen Gästezimmern und – tatsächlich – einer Rentierfarm!

Alle Zutaten für den Teig mixen und schnell zu einem Teig kneten. Mindestens eine Stunde in den Kühlschrank legen. Teig in eine große oder zwei kleine Tarteformen geben und dünn auswalzen, mit einer Gabel mehrmals einstechen und mindestens eine halbe Stunde ins Tiefkühlfach legen. Backofen auf Ober- und Unterhitze einstellen und auf 200 Grad vorheizen. Gusszutaten mit einem Schneebesen mischen. Die Tarteform mit den Beeren belegen und mit dem Guss bedecken. Auf der zweiten Schiene von unten ca. 45 Minuten bei 180 Grad backen.

An der Ferme Auberge du Tanet beginnt das Revier der Heidelbeer- und Preiselbeersucher (Mitte). Die Tarte aux Myrtilles zählt zu den großen Genüssen der Südvogesen.

FAZIT: EIN SINNENFROHER SPAß FÜR SCHATZSUCHER UND SCHLECKERMÄULER IN EINER LANDSCHAFTLICH GROBARTIGEN SZENERIE.

Hin & weg: Skigebiet Le Tanet, Parkplatz etwas unterhalb der Ferme Auberge du Tanet (Seestaettle). Von der D417 zwischen Soultzeren und dem Col de la Schlucht beschilderte Abzweigung.

Beste Zeit: Juli–August für Beerensucher, sonst April–Oktober, weitere Infos unter www.auberge dutanet.com

Dauer & Strecke: 2 Std. Gehzeit (mit Beerensuche einiges mehr), 5,5 km, 230 Hm.

Ausrüstung: Wanderschuhe, Regenschutz, (kleines!) Körbchen für die Beeren.

PRALLES LEBEN

⊰ … in der Petite Camargue Alsacienne ⊱

#14

So etwas würde man im dichtbesiedelten Dreiländereck bei Basel nicht vermuten: ein Naturschutzgebiet, das seinen Besuchern eine ganze Oberrheintal-Welt im Kleinen vorführt. Auf nur 900 Hektar findet man hier Altrheinarme, Auenwald, Schilfröhricht, Quellen und eine überbordende Fauna und Flora.

Die Tümpel in den Auenwäldern der Petite Camargue Alsacienne – ein Paradies für Wasservögel und Naturliebhaber.

Ursprung der heutigen Petite Camargue Alsacienne war eine unter Napoleon III. angelegte Fischzuchtanlage, welche die damals rapide wachsende Bevölkerung mit bezahlbarer Nahrung versorgen sollte. Als Mitte des vorigen Jahrhunderts der Rhein aufgestaut wurde und dramatisch verschmutzte, drohte das Gelände zu veröden. Glücklicherweise wurde es 1982 als erstes französisches Naturschutzgebiet ausgewiesen. Vier Jahre darauf ereignete sich die Umweltkatastrophe von Schweizerhalle, bei der nach einem Großbrand pestizidbelastetes Wasser in den Rhein gelangte und ein Fischsterben auslöste. Daraufhin wurde kräftig in den Naturschutz investiert und die elsässische Camargue erwachte zu neuem Leben.

Heute hat dort eine kaum überschaubare Anzahl von Tieren einen Lebensraum gefunden.

Zahlreiche Insektenarten – darunter alleine 40 Libellenarten – tummeln sich hier, Heuschrecken und Grillen, Schmetterlinge und Käfer. Amphibien, Reptilien und ein Dutzend Fischarten bevölkern die Gewässer, sage und schreibe 174 Vogelarten und fünf Fledermausarten die Lüfte. Aber auch größere Säugetiere wie Dachs, Reh und Wildschwein leben in der Camargue Alsacienne, auf den Wiesen grasen schottische Hochlandrinder.

Hin & weg: Saint-Louis Neuweg, Schleusenhaus Maison Eclusière am Hüninger Kanal in der Rue du Canal, dort gibt es auch Parkplätze. Mit dem Distribus vom Bahnhof Saint-Louis-la-Chaussée.

Beste Zeit: Ganzjährig.

Dauer & Strecke: 2 Std., 4 km.

Ausrüstung: Sport- oder Wanderschuhe, Fernglas.

Ausruhen, mit dem Feldstecher die Tier- und Pflanzenwelt inspizieren oder zu den Vogesengipfeln hinüberschauen – jeder nutzt die Beobachtungsposten auf seine Weise.

Nicht minder prall die Flora: Unter anderem gedeihen hier 15 Orchideenarten, Schwert-lilien, Prachtnelken sowie die – jetzt ernst bleiben! – Gewöhnliche Pimpernuss und der Verkannte Wasserschlauch.

Auf einem Rundgang mit ausgewiesenen Be-obachtungsposten kann man diese außer-gewöhnliche Artenvielfalt besichtigen. Un-bedingt ein Fernglas zur Vogelbeobachtung mitnehmen! Den Auftakt macht ein schnur-gerader Weg entlang der von Wasserläufen und Hangquellen durchzogenen Mittleren Au. Nahe am Ort Saint-Louis-la-Chaussée wendet sich der Weg nach rechts und führt an kleinen Teichen vorbei zur Kaiserlichen Fischzuchtan-stalt. Für Besucher eingerichtet wurden die Lachszuchtausstellung Mémoire du Saumon, die Rheinausstellung Mémoire du Rhin und das Haus der Natur.

Am Beobachtungsstand Étang Nord macht der Rundweg einen Rechtsschwenk und führt am Sumpfgebiet Grand Marais entlang. Durch die Mittlere Au, Zentrum des Naturschutz-gebietes, kommt man reich an Eindrücken zurück zum Ausgangspunkt am Canal de Hu-ningue (siehe Eskapade #16).

FAZIT: EIN NATURSCHUTZGEBIET MIT AU-ßERGEWÖHNLICHEM ARTENREICHTUM – EIN AUSFLUG FÜR DIE GANZE FAMILIE!

KURIOS HOCH DREI

 ... bei den Drei Egsen und der Hohlandsburg

#15

Auf einem Kegelberg über dem Winzerdorf Eguisheim ragen drei eckige Türme in den Südvogesenhimmel. Dass es sich dabei um Burgenreste handelt, erschließt sich erst auf den zweiten Blick. Um zu begreifen, wie diese zusammengehören, braucht es eine Ortsbegehung.

#TroisChâteaux #Egsen #Tokajer #Colmarblick #Zauberwald

Von den Drei Egsen über den Rebenhängen von Eguisheim sieht man hinüber zur Hohlandsburg.

→ ABSTECHER...

Drei Egsen heißt das eigenwillige Burgentrio. Oder doch Drei Exen? Auch die Schreibweise bleibt im Ungefähren. Der Merkwürdigkeiten nicht genug: Zwar ist die Burgengruppe nach dem Talort Eguisheim (Eskapade #17) benannt; auf deren Gemarkung liegt jedoch nur der Dagsburg genannte Teil, während die Burgenteile Wahlenburg und Weckmund zur Gemeinde Husseren-les-Châteaux gehören. Die im südlichen Elsass übliche Bezeichnung Les Trois Châteaux umgeht mit ihrer Unbestimmtheit solche Wirrnisse französisch-elegant.

Vom Parkplatz unterhalb des Burgenensembles führt ein angenehmer Höhenweg in einer guten Stunde zur Hohlandsburg, einer beruhigend eindeutigen Anlage. Wenn man sie zuerst ansteuert, kann man in der Halbzeit der Wanderung in einer Burgschänke einkehren – auf den Drei Egsen gibt's nix.

Der Weg zur Hohlandsburg ist bestens beschildert. Nach einer guten halben Stunde trifft man auf die Route de Cinq Châteaux, ein Touristensträßchen, welches die beiden Burgen und die Pflixburg miteinander verbindet. Sollten einem zwei Stunden Wanderzeit als zu dürfig erscheinen, kann man jetzt nach rechts abbiegen, um auf dem Sentier Herzog noch die auf einem Granitfelsen erbaute Burgrui-

Gegenüber der wuchtigen Pforte der Hohlandsburg (links oben) wirkt die der Wahlenburg fast bescheiden (links unten). Ein rätselhaftes Ensemble: die Felsblöcke des Rocher Turenne (Mitte). Blick auf Colmar (rechts).

ne Hagueneck mitzunehmen. Ihre unauffällige Lage am Berghang und die bescheidenen Ausmaße lassen darauf schließen, dass ihre Erbauer gegenüber denen der Nachbarburgen eher kleine Fische waren.

Vom Étang Herzog, einem in den letzten Jahren oft trockengefallenen Teich mitten im Wald, lohnt ein kleiner Abstecher zum Repos des Chasseurs, einer rätselhaften steinernen Doppelbank. Noch eine Waldpassage, ein kurzer Asphaltanstieg und das Château du Hohlandsbourg ist erreicht. Die gewaltige Anlage mit einer mehr als fußballfeldgroßen Grundfläche wurde nach den burgenüblichen Zerstörungen teilweise wiederaufgebaut. Wohl deshalb ist sie – ungewöhnlich für elsässische Burgen – kostenpflichtig. Im Innenhof gibt es ein Café-Restaurant, Ausstellungsräu-

me und einen Kräutergarten (www.chateau-hohlandsbourg.com).

Einer der Burgherren hat sich bleibende Verdienste erworben: Lazarus von Schwendi, ein Heerführer in Diensten der Habsburger, brachte von einem Feldzug gegen die Türken die Tokajerrebe mit, die sich im Elsass als Pinot Gris rasch etablierte.

Auf dem Rückweg kann man ein weiteres Kuriosum mitnehmen: 300 Meter seitlich der Route liegt der Rocher Turenne, eine Ansammlung wie von Geisterhand aufgeschichteter Granitblöcke. Bleibt noch die Ortsbegehung! Vom Burgenparkplatz steigt man zügig hinauf auf den 575 Meter hohen Schlossberg und beseitigt die letzten Zweifel, ob es sich bei den Drei Egsen tatsächlich um Burgen handelt.

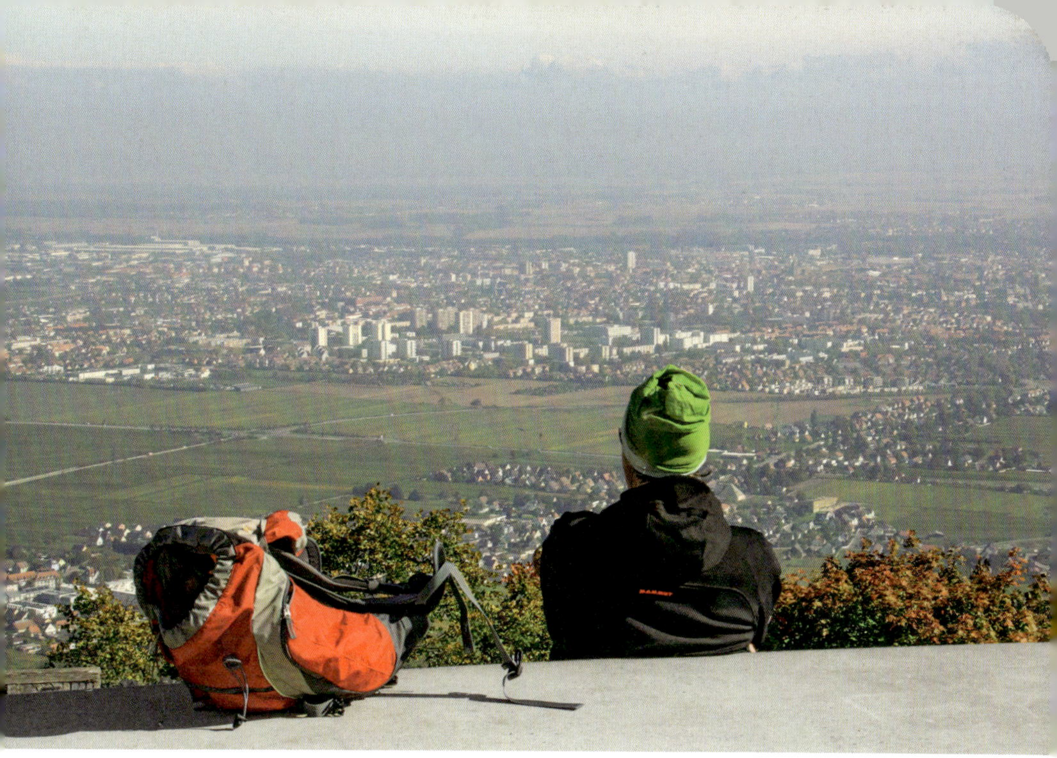

FAZIT: EINFACHE HÖHENWANDERUNG IN WUNDERSCHÖNEN WÄLDERN, GESPICKT MIT ALLERLEI KURIOSEM UND SPEKTAKULÄREN AUSSICHTEN.

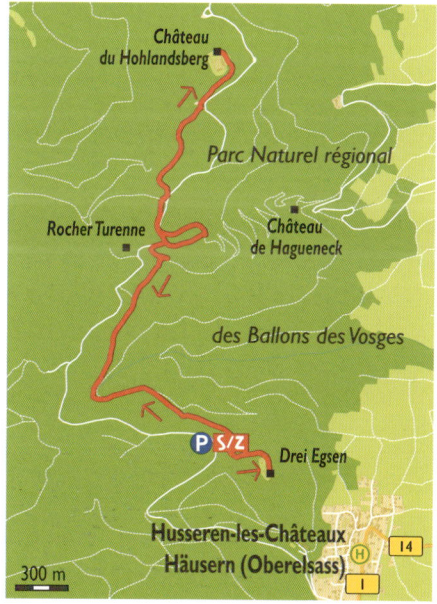

Hin & weg: Parkplatz Les Trois Châteaux wenige Meter unterhalb der Drei Egsen, Auffahrt von Husseren-les-Châteaux. Mit der Buslinie 208 vom Bahnhof Colmar, dann noch 1,7 km Fußweg.

Beste Zeit: April–Oktober (die Hohlandsburg ist in den Wintermonaten geschlossen).

Dauer & Strecke: 2–3 Std. Gehzeit, 8,5 km, 180 Hm.

Ausrüstung: Wanderschuhe, Regenschutz, Proviant.

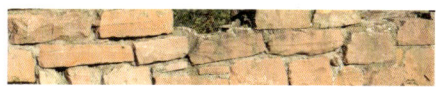

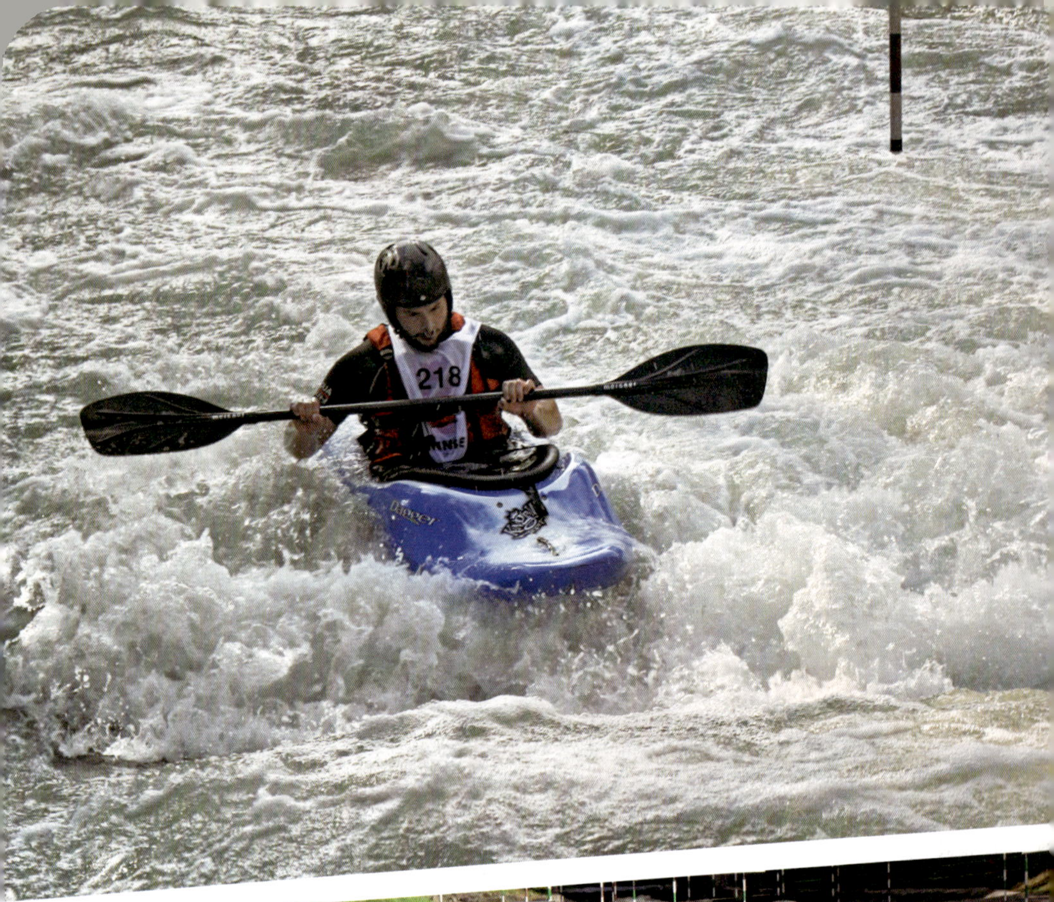
218

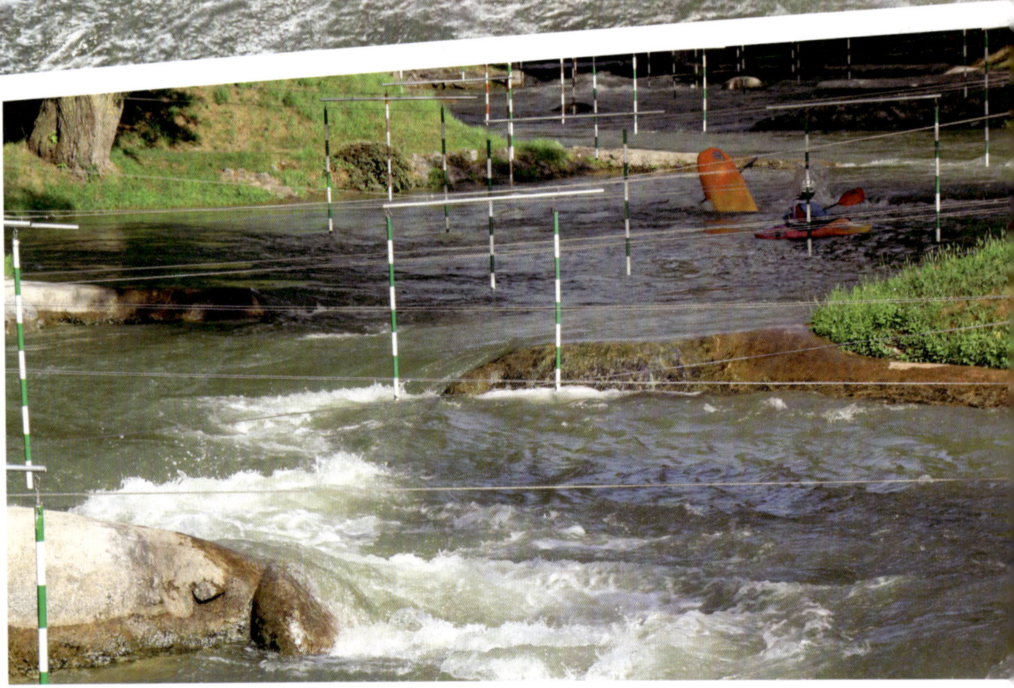

EIN WILDER RITT

≥ … auf dem Canal de Huningue ≤

#16

In Huninque, zwischen den Nordaus-
läufern des Jura und den Südausläufern
des Schwarzwaldes und der Vogesen, liegt
ein kleines Paradies für Wassersportler:
der Parc des Eaux Vives, ein künstlich an-
gelegter Kajak- und Kanuparcous, gespeist
vom Wasser des Canal de Huningue.

baute mitten im Ort ein 350 Meter langes Teilstück zum Wildwasserkanal um – der Parc des Eaux Vives war geboren. Neben Wassersportlern aus einem weiten Umkreis zieht der Park auch viele Neugierige an, die sich das bunte Treiben von einem Fußweg oder von Sitzbänken aus anschauen.

Kajakfahrer und Kanuten können hier unter kontrollierten Bedingungen trainieren, der Parcours ist videoüberwacht. Künstliche Hindernisse ermöglichen Fahrten bis zum dritten Wildwasser-Schwierigkeitsgrad, mit Toren, Walzen und Kehrwässern. Fortgeschrittene steigen an einem kleinen See ein und kommen dann über eine je nach Wasserstand mitunter heikle Eingangswalze zum Parcours, Anfänger können etwas weiter unterhalb einsteigen. Auf dem parallel dazu verlaufenden Kanal paddelt man zurück zu einem Wehr und muss so nur eine kurze Tragestrecke bewältigen.

Für Besucher, die erst einmal in die vielen Wassersportarten hineinschnuppern möchten, bietet das Team des Parks auch Einführungen und geführte Touren an; für die lieben Kleinen gibt es ein Kinderprogramm. Vielleicht landet man dann ja beim Rafting, Stand-Up-Paddling oder Hydrospeed, einer Variante des Wildwasserschwimmens, bei dem der Oberkörper auf einem Kunststoff-Schwimmkörper aufliegt. In der Timonerie, dem Bootshaus, kann man

Huninque oder Hüningen, nur wenige Kilometer von Basel entfernt, hat eine starke Verbindung zum Wasser: Der Rhein ermöglichte schon früh Flößern, Fischern und Händlern ein Auskommen, im Jahre 1679 wurde das Kleinstädtchen unter dem in Frankreich allgegenwärtigen Baumeister Vauban befestigt, um über die Rheinschifffahrt und die Grenze zu Baden zu wachen, im 19. Jahrhundert brachte der Canal de Huningue einen weiteren Aufschwung.

Dieser wurde ursprünglich als Verbindung zwischen dem Rhein und dem Rhein-Rhône-Kanal erbaut. Mit der Erbauung des Rhein-Seitenkanals wurde der Kanal überflüssig und geriet fast in Vergessenheit. 1992 erkannte man in Hünigen das Potenzial des Kanals und

Hin & weg: Huningue, Parkplatz am Quai du Maroc. Mit dem Distribus vom Bahnhof Saint-Louis-la-Chaussée.

Beste Zeit: März–November geöffnet.

Dauer: 2 Std. bis ganzer Tag.

Ausrüstung: Verleih am Parkplatz des Wildwasserparcours (www.ville-huningue.fr/de/wassersport-kanu-kayak-rafting), eigene Boote sind erlaubt.

Im Parc des Eaux Vives können sich Kajakfahrer voll austoben. Auf dem Canal de Huningue paddelt man geruhsam zum Startpunkt des Wildwasserparcours zurück (links).

sich die Ausrüstung ausleihen; dort gibt es auch Umkleiden und Sanitäreinrichtungen.

Falls man doch lieber auf dem Trockenen bleibt: Eine Kletterwand des Wildwasserparks steht allen kostenlos offen, die Ausrüstung bringt man selbst mit.

Tipp: Wer sich mehrere Tage im Park austoben möchte, kann auf dem Gelände in einer Hütte für bis zu 19 Personen oder auf einem Campingareal mit 24 Plätzen nächtigen.

FAZIT: ALLE FACETTEN DES WILDWASSER-SPORTS – UND DAS MITTEN IN DER STADT.

BAGUETTE-STUNDE

=}– … beim morgendlichen Streifzug durch Eguisheim –{=

#17

Wozu streiten, welches wohl das schönste elsässische Dorf sei? Einfach genießen! Zum Beispiel die Winzergemeinde Eguisheim: Wählt man für den Besuch die Stunde, in der sich die Einheimischen ihr erstes Baguette holen, dann meidet man die Busladungen voller Touristen und ist beim Staunen fast allein.

Die kleinen Motive sind es, welche die Altstadt von Eguisheim zu einem Augenschmaus machen (links). Mittendrin liegt das runderneuerte Château d'Eguisheim mit der Sankt-Leo-Kapelle (rechts).

Datums, sie wurde erst Ende des 19. Jahrhunderts errichtet.

In etwa 100 Metern Abstand von der achteckigen Burganlage umschließt eine doppelte Stadtmauer mit daran angebauten Wohnhäusern den Ortskern. Parallel dazu liegen die zwei Ringgassen Rue de l'Allmend und Rue du Rempart, rund um das Château gibt es verwinkelte Gässchen. Lediglich die Grand Rue, die »Hauptstross«, verläuft annähernd gerade in West-Ost-Richtung und teilt die Altstadt in zwei gleich große Teile.

Nachdem man in den Auslagen der Winzerhöfe schon die örtlichen Weine studiert hat: Hin zu den Ursprüngen und rein in die Wein-

Beim Spaziergang durch die mit Kopfstein gepflasterten mittelalterlichen Gassen wird man sich unverzüglich in Eguisheim verlieben, in die charmanten kleinen Brunnenplätze, in die bunten Fachwerkhäuser mit ihren liebevoll ausgestalteten Fassaden und ihrem lebensfrohen Blumenschmuck, in die Fensterchen, Erker und Torbögen. Bis zu 500 Jahre alt sind die eng aneinander geschmiegten Wohnhäuser und Winzerhöfe.

Kurios, dass ausgerechnet die zu Stauferzeiten erbaute Burg, das Château d'Eguisheim, im Zentrum des historischen Ortskerns fast als Neubau durchgeht – was man heute sieht, verdankt sich einer Sanierung aus dem Jahre 1908. Auch die der Burg angegliederte neoromanische Sankt-Leo-Kapelle ist jüngeren

Hin & weg: Eguisheim, Parkplatz an der D14 am südlichen Ortsende. Mit der Buslinie 208 vom Bahnhof Colmar. Ausgangspunkt für den Sentier Viticole ist der Parkplatz am Campingplatz Les Trois Châteaux in der Rue du Bassin.

Beste Zeit: Altstadt während des ganzen Jahres, Weinberge Mai–November.

Dauer & Strecke: Weinbergspaziergang 1 Std., 4 km, Altstadt je nach Gusto.

Ausrüstung: Gehfreundliche Schuhe, eventuell Picknickrucksack für den Weinbergspaziergang.

berge! Auf dem Sentier Viticole d'Eguisheim, einer leicht zu begehenden Runde, lernt man in den Grand-Cru-Weinlagen Eichberg und Pfersigberg alle sieben Rebsorten des Elsass kennen: Gewürztraminer, Sylvaner, Riesling, Muskat, Pinot Blanc, Pinot Gris und Pinot Noir. Offizieller Startpunkt ist der Parkplatz südlich des Campingplatzes Trois Châteaux, dann folgt man einfach den Schildern »Sentier Viticole« im Uhrzeigersinn. Unterwegs holt man Baguette, Croissants und Confiture aus dem Rucksack und genießt sein zweites Frühstück.

FAZIT: EINE MITTELALTERLICHE PUPPENSTUBE MIT KAUM ZU ÜBERBIETENDEM ROMANTIK-FAKTOR.

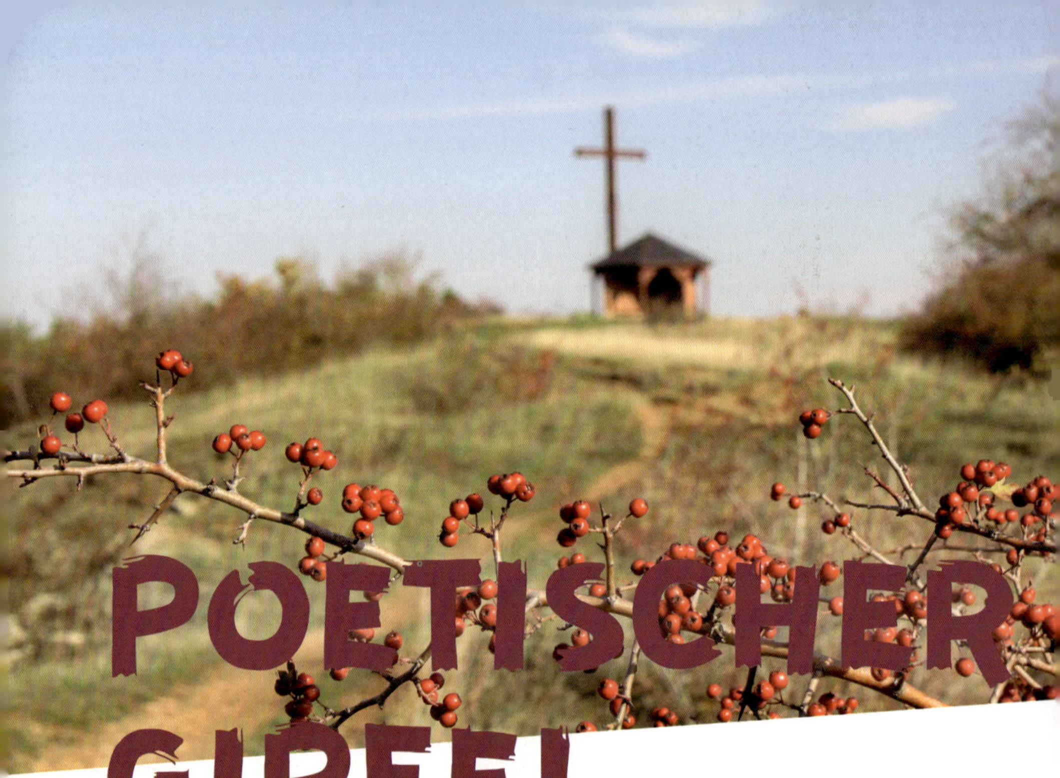

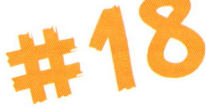

POETISCHER GIPFEL

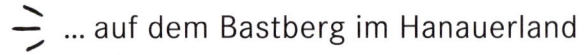

… auf dem Bastberg im Hanauerland

#18

Inmitten des elsässischen Hanauerlandes ragt die kahle Kuppe des Bastberges aus der Rheinebene hervor. Über ein Meer aus Feldern, Obstbäumen und vereinzelten Rebenhängen schweift der Blick zum Schwarzwaldhorizont, zu den Nordvogesen, zur Burg Lichtenberg und zur Hüneburg.

#Goethe #Muschelkalk #Aussicht #Schlemmen

Auf dem Weg zum Gip-
felkreuz des Bastberges
kommt man am Chorten
»Goliath« vorbei.

Am Fuße der 326 Meter hohen Erhebung liegt die frühere Residenzstadt Bouxwiller. Von hier aus herrschten die Grafen von Hanau-Lichtenberg während dreier Jahrhunderte über einen Flickenteppich, der sich von den Vogesen bis zum Schwarzwald erstreckte. Ein Teil des Bastberges wurde von der Adelsfamilie zur herrschaftlichen Parkanlage, dem Jardin de Princes, umgestaltet.

Drei Rundwege erschließen das Naturschutz-gebiet, besonders lohnend ist der sechs Kilometer lange Sentier Géologique. Am Wege liegen Buntsandsteinblöcke mit geologischen, naturkundlichen und historischen Infotafeln in französischer Sprache, dazu Chorten, kunstvoll aufgeschichtete Steinkegel mit fantasievollen Bezeichnungen wie »Goliath«, »L'Oeuf« oder »Le Temple«. Die Wege führen meist über offene Höhen, dazwischen durch kleine Märchenwälder, in denen die Lianen der Waldrebe von den Bäumen hängen. Zahlreiche Fossilien, die man im über 230 Millionen Jahre alten Muschelkalk des Hügels gefunden hat, zeigt das Musée de Hanau in Bouxwiller (www.museedupaysdehanau.eu).

Ganz ergriffen von der Landschaft und den Naturwundern des Bastberges war auch der junge Goethe, der im Jahr 1770 das nördliche Elsass bereiste und in »Dichtung und Wahrheit« bekundete: »Doch alle diese Betrachtungen übertraf der Anblick, wenn man von dem nahgelegenen Bastberg die völlig paradiesische Gegend überschaute. Diese Höhe, ganz aus verschiedenen Muscheln zusammengehäuft, machte mich zum ersten Male auf solche Dokumente der Vorwelt aufmerksam; ich hatte sie noch niemals in so großer Masse beisammen gesehn«. Eine ehrwürdige Linde am Nordanstieg des Bastberges ist dem Dichterfürsten gewidmet. Neben der Natur tat es dem umtriebigen Goethe natürlich auch eine hübsche Elsässerin an, Friederike Brion aus dem nahen Sessenheim.

Ein gewaltiges Kreuz markiert den höchsten Punkt des Bastberges. In der Walpurgisnacht am 30. April sollte man den Gipfel meiden, denn dann treffen sich hier die Hexen zum Tanz – eine der zahlreichen mythischen Geschichten, die sich um den Bastberg ranken. Die Hexenlegende soll Goethe zu einer Passage des »Faust« inspiriert haben.

Hin & weg: Bouxwiller, Wanderparkplatz am Ende der Rue Bastberg neben einem Wasserhochbehälter; mit Bahnlinie Strasbourg-Ingwiller nach Obermodern und mit dem TER-Bus nach Bouxwiller. Dann noch 10 Min. bis zum Wegbeginn.

Beste Zeit: Ganzjährig.

Dauer & Strecke: 1,5 Std. Gehzeit, 4,5 km, 80 Hm.

Ausrüstung: Wanderschuhe, Picknickrucksack.

Die Goethe-Linde erinnert an den Bastbergaufenthalt des Dichterfürsten und Naturforschers (links). Nach dem Natur- und Poesiespaziergang: ein Streifzug durch die frühere Residenzstadt Bouxwiller.

Wer viel Zeit mitgebracht hat, kann noch ins nahe Imbsheim hinunterlaufen und im urigen S'Bastberger Stuewel einkehren (Tel. 0033/388707385). Auf dem Rückweg nach Bouxwiller macht der Sentier Géologique noch einen Schlenker über den Galgenberg, einen Nebengipfel des Bastberges.

Und nach der Wanderung? Durch die charmanten Gassen von Bouxwiller bummeln, sich im Antiquitätencafé Au Charme du Passé ver-

lustieren (www.aucharmedupasse67.fr) oder den Bildungshunger im Musée du Pays de Hanau stillen (www.museedupaysdehanau.eu).

FAZIT: EIN IDEALES BEISPIEL DAFÜR, DASS ES FÜR EINEN GROßARTIGEN RUND- UM-BLICK NICHT IMMER DIE HOHEN BER- GE SEIN MÜSSEN.

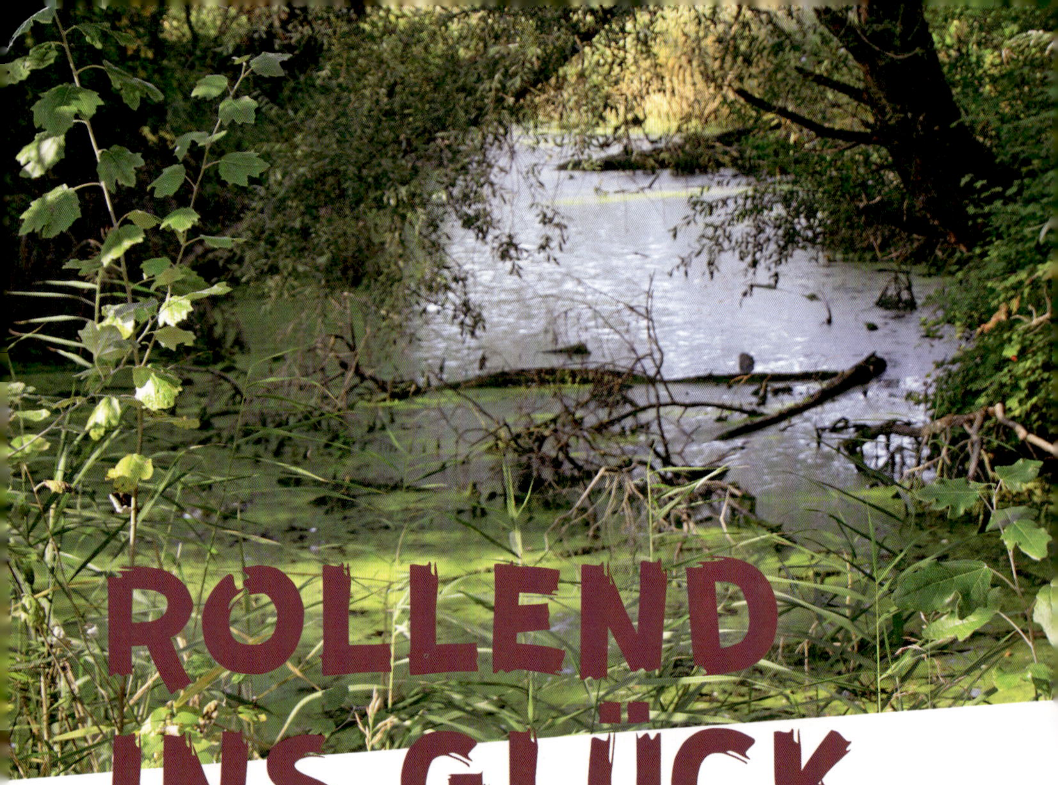

ROLLEND INS GLÜCK

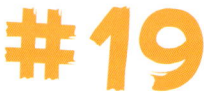

... auf Inlinern durchs Sauer-Delta

#19

Das Mündungsgebiet der Sauer ist mit seinen Auenwäldern, Schwemmlandwiesen und Flussarmen ein beliebtes Ziel für Bewegungshungrige. Erkunden kann man das unter Naturschutz stehende Flussdelta zu Fuß, mit dem Rad, per Ruderboot ... oder mit Rollschuhen oder Inlineskates.

#SauerDelta #grüngrüngrün #Wasservögel #Rheinfähre

Genau den richtigen
Belag für Rollsportler
hat der elsässische
Rhein-Radweg Euro-
Velo 15.

Die tiefgrünen Wasserläufe, geheimnisvollen Tümpel und stillen Seen, der dschungelartige Silberweidenwald, die lebendige und geräuschvolle Vogelwelt mit Schwänen, Wildgänsen, Reihern und Kormoranen ... dies alles wirkt wie ursprüngliche Natur – und dabei ist es gerade das nicht. Vielmehr ist das Sauer-Delta das Musterbeispiel einer Kulturlandschaft, die von gigantischen menschlichen Eingriffen zeugt.

Bis zum Beginn des 19. Jahrhunderts war das Oberrheintal eine sumpfige Auenwaldlandschaft, der Rhein mäanderte mit vielen Flussarmen und Inseln durch ein zwei bis drei Kilometer breites Abflussgebiet. Um den häufigen Überflutungen zu begegnen, den Fluss besser schiffbar zu machen und landwirtschaftlich nutzbares Gelände zu gewinnen, wurde 1840 nach Plänen des Karlsruher Ingenieurs Johann Gottfried Tulla mit der Begradigung des Ober-

Anregende Kontraste: Holznachen auf der Sauer bei Munchhausen, Anglerboot auf einem Baggersee, die Rheinfähre bei Seltz, Lastkähne auf dem Rhein.

rheins begonnen. Der Flusslauf wurde auf 200 bis 300 Meter Breite eingeengt und mit Dämmen eingehegt, einige größere Auenwälder mit Altrheinarmen blieben bestehen. In eine dieser bei der Rheinkorrektur abgetrennten Rheinschlingen mündet bei Seltz die aus dem Pfälzerwald kommende Sauer, um dann bei Munchhausen in den Rhein zu fließen.

Da die Wasserstände im Jahresverlauf schwanken, zeigt das Delta zu jeder Jahreszeit ein anderes Gesicht, bei Hochwasser sind weite Bereiche komplett überflutet, auch die Zusammensetzung der Tier- und Pflanzenwelt verändert sich jahreszeitlich stark.

Ein Abenteuer ist bereits die Fahrt mit der von der Strömung angetriebenen Rheinfähre Plittersdorf-Seltz. Die Überfahrt ist gratis, län-

gere Wartezeiten gibt es kaum. Am Fähranleger Seltz hat man dann sogleich Anschluss an den Radweg EuroVelo 15, der dem Rhein von der Quelle in der Schweiz bis zur Nordsee folgt.

Flussabwärts passiert man einen Baggersee mit Campingplatz und Badestrand, dann ein Kieswerk. An einem zweiten, völlig stillen See beginnt das Naturschutzgebiet Réserve Naturelle Nationale du Delta de la Sauer. Durch den Auenwald und entlang der riesigen Feuchtwiese Grosswœrth rollt es sich locker zur Sauermündung bei Munchhausen. In dem alten Fischerdorf, das auch einen Fisch im Gemeindewappen trägt, kann man nun das Naturschutzzentrum Münchhausen besuchen – allerdings nur an Wochentagen – und danach im Restaurant Á la Rose einkehren (Tel. 0033/388865186).

Wer noch Kilometer machen möchte, fährt auf dem Rheindamm bis zu einem Picknickplatz bei Mothern oder noch weiter bis zum Umkehrpunkt am Rheinhafen von Lauterbourg. Zurück in Seltz wird man sich schließlich in der Auberge du Rhin (www.auberge durhin.com) am Fähranleger gewiss noch etwas Leckeres aus der elsässischen Küche einverleiben, ehe man wieder die Rheinfähre nach Plittersdorf besteigt.

FAZIT: EINE PFIFFIGE VERBINDUNG VON SPORT, LANDSCHAFT UND KULINARIK.

Hin & weg: Über Rastatt zum Fähranleger Plittersdorf auf der deutschen Rheinseite und dort parken. Mit der Rheinfähre geht's hinüber nach Seltz.

Beste Zeit: Ganzjährig.

Dauer & Strecke: 2–3 Std., 14 km.

Ausrüstung: Rollschuhe oder Inlineskates, Rucksack mit Proviant, Schuhen und Regenschutz.

BALKON ÜBER DER RHEINEBENE

... am Kloster Notre-Dame du Schauenberg

#20

Wandern, Schauen, Pilgern, Essen? Wer die Wallfahrtskapelle Notre Dame du Schauenberg besucht, hat die freie Wahl. An einem steilen Vogesenhang gelegen, bietet das Kloster einen spektakulären Fernblick, der von der Hohkönigsburg bis zu den Schweizer Alpen reicht.

#aufUldaricusSpuren #Schwarzwaldblick #Winzerdorf #Kletterspaß

Schauenberg – wie treffend angesichts dieses Fernblicks über die Rheinebene zu den Schwarzwaldhöhen!

Auf einem gewundenen Sträßchen kann man von Pfaffenheim fast bis zum Wallfahrtsort hinauffahren. Viel erlebnisreicher ist es freilich, sich die Einkehr in der Klosterschänke erst einmal zu verdienen, indem man in einer knappen Stunde auf dem historischen Pilgerweg hinaufsteigt.

Man folgt kurz dem Schauenberg-Sträßchen, geht in einer Rechtskurve an einem Bild-stock geradeaus weiter und läuft inmitten von Weinbergen auf den hier besonders üppigen Kastanienwald zu. Schenken mochte man den Marienpilgern wohl nichts: Steil und schweißtreibend zieht sich der breite Kreuzweg hinauf zum Schauenberg. Das Ensemble umfasst eine Wallfahrtskapelle, ein kleines Kloster, eine Pilgerherberge und ein Restaurant mit einer ausnehmend schönen Terrasse (Tel. 0033/389493533).

Wer möchte hier nicht lange verweilen, bevor es wieder hinuntergeht in die Weinberge?

Zu danken für diesen Aussichtsbalkon ist dem Einsiedler Uldaricus, der sich im 14. Jahrhundert an dem damals noch Schonenberg genannten Hang niederließ, und den Altvorderen, die im festen Glauben, dass sich hier eine Marien-Wunderheilung ereignet habe, zur Einsiedelei pilgerten. Das taten sie in so großer Zahl, dass die Kapelle bald vergrößert wurde und Franziskanermönche im 17. Jahrhundert nebenan das Kloster errichteten. Und weil man so weit ins Land schaut, zum Kaiserstuhl, zum Feldberg und zum Belchen, hat man den Schonenberg kurzerhand umbenannt in Schauenberg.

Historisch etwas gewagt führt auch der Elsässische Jakobsweg hier entlang. Dass man es damit nicht allzu genau nehmen muss, zeigt sich in Santiago de Compostela, wo man auf die Frage nach den »echten« Jakobswegen zur Antwort erhält: »Der Weg beginnt in Ihrem Haus«.

Beim Abstieg nach Gueberschwihr geht man vom Kloster-Parkplatz kurz auf Asphalt bergab, nimmt links den Chemin de Croix und bummelt dann gemütlich durch die Kopfsteinpflastergassen des schön gelegenen Winzerdorfes. In der Nähe der Kirche Saint-

Hin & weg: Pfaffenheim, Parkplatz an der Kirche. Bus 440 ab Colmar.

Beste Zeit: Mai–Oktober.

Dauer & Strecke: 2–2,5 Std. Gehzeit, 6,5 km, 210 Hm.

Ausrüstung: Wanderschuhe, Regenschutz, im Herbst Beutel für Kastanien.

Pantaléon, einem für eine 800-Seelen-Gemeinde etwas überdimensioniert wirkenden neoromanischen Bau, findet sich Gelegenheit zur Einkehr, im Restaurant Le Goldert (Tel. 0033/389492476) etwa oder in der Taverne Médiévale (www.taverne-medievale.com). Zurück nach Pfaffenheim nimmt man kurz die Straße und dann links einen breiten Winzerweg, den Sentier de Découverte.

Tipp: 1,5 Kilometer von Gueberschwihr entfernt, an der Straße nach Osenbach, liegt in einem ehemaligen Steinbruch das Sandstein-Klettergebiet Ancien Gueberschwihr mit Boulderblöcken und gut abgesicherten Routen an fast 30 Meter hohen Steilwänden.

FAZIT: OHNE FRAGE EINER DER SCHÖNS-
TEN AUSSICHTSPLÄTZE AM RANDE DER
RHEINEBENE, DAZU AUSGIEBIGE WEIN-
BERG-BUMMELEIEN.

AUF IN DIE KESCHTA!

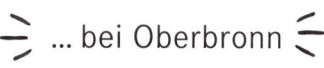 … bei Oberbronn

 **#21**

Römer – oder waren es doch die Kelten? – brachten die Edelkastanie ins Oberrhein-tal. Im Frühherbst loszuziehen und die »Keschta« vom Waldboden aufzulesen ist aber nicht nur elsässische Folklore. Mit den Kastanien lassen sich nämlich auch viele leckere Gerichte zaubern.

Beim Betrachten der Fachwerkhäuser mit ihrem Fassadenschmuck, ihren Vorgärten und Innenhöfen wird offensichtlich, was den Charme elsässischer Dörfer ausmacht: Es ist die Liebe! Die Liebe zum Detail, zum Verspielten, zum Kindlichen. Und der Mut: Angst vor dem Zuviel scheint man hier nicht zu kennen.

Doch dann auf in die »Keschta«! Am Hang des 526 Meter hohen Wasenköpfel liegt der Oberbronner Kastanienwald. Von der Mairie aus kommt man durch die Rue Tribunal hin. Oder man geht noch etwas weiter an der Dorfstraße entlang und steigt an der Kirche Saint-Étienne vorbei bergauf.

Schon am Waldrand wird man die ersten glänzenden Früchte aufsammeln können. Kastanien, die noch in ihrer stacheligen Hülle stecken, löst man mit der Schuhsohle heraus. Bei erster Gelegenheit biegt man scharf rechts ab und läuft auf einem fast ebenen Höhenweg nordwärts. Hinter dem Aussichtspunkt Buckelstein zweigen einige Pfade nach Oberbronn ab, es lohnt sich aber, noch weiterzugehen bis zum Maison Forestière de Reisberg, da der Rückweg dann am besonders kastanienreichen Waldrand entlangführt.

Zu Hause angekommen, schneidet man die Kastanien auf der runden Seite kreuzweise

Wie die Weintraube profitiert auch die Edelkastanie vom mediterranen Klima am Rand des Oberrheintals, das auch Zitronen, Quitten und Feigen prächtig gedeihen lässt. Einer der beliebtesten Plätze der Kastaniensammler im nördlichen Elsass ist Oberbronn, ein sehr ursprünglich wirkendes elsässisches Bilderbuchdorf. Wer den Ort systematisch erkunden möchte, kauft am besten in der Mairie, dem Rathaus, einen Reiseführer für einen historischen Rundgang. Der lenkt den Blick auf die leicht zu übersehenden Details: auf die Ursprünge der Fachwerkhäuser – ein Küferhaus zum Beispiel geht auf das Jahr 1572 zurück – und auf die in Balken eingeschnitzten oder in den Sandstein der Türstürze gehauenen Zunftzeichen, Erbauungsjahre, Namen oder Initialen.

Hin & weg: Oberbronn, von Niederbronn kommend Parkplatz links der Straße vor der Ortsmitte. Bustaxi vom Bahnhof Niederbronn-les-Bains.

Beste Zeit: Mitte September–Mitte Oktober.

Dauer & Strecke: 2 Std. Gehzeit, 6 km, 220 Hm; Ortsrundgang je nach Gusto.

Ausrüstung: Festes Schuhwerk, Beutelchen für Kastanien, Kopfbedeckung wegen herabfallender Kastanien und Eicheln.

Traditionelle Kastaniengerichte gibt es in den gemütlichen Gaststuben von Oberbronn. Beim Bummel durch den Ort verbindet sich Dorfromantik mit allerlei Kuriosem.

ein, gibt sie 6-8 Minuten in kochendes Wasser und röstet sie dann im Ofen bei 160 Grad so lange, bis die Schale knackig-hart ist, wobei man ab und zu kleine Wasserspritzer zugibt. Zusammen mit einem neuen Wein und geduldigem Schälen in geselliger Runde ein großes Vergnügen!

Tipp: Im Restaurant Au Boeuf Noir (Tel. 0033/ 388066225) neben der Mairie kann man die Spezialität des Dorfes probieren – Blutwurst mit Kastanien!

FAZIT: KASTANIENSAMMELN – BESONDERS MIT KINDERN EIN GROßER SPAß. UND DANN: REZEPTE AUSPROBIEREN!

WINTER-TRAUM

⇒ ... Schneeschuhtour am Schnepfenried ⇐

#22

Durch den verschneiten Winterwald stapfen, über sonnige Almhänge streifen oder sich durch das Schneetreiben kämpfen – echte Winterfreunde nehmen's wie's kommt. Also die Schneeschuhe einpacken und aus dem Munstertal rauf zu den Höhenzügen über der Skistation Schnepfenried!

Schneeschuhgänger
finden auf den Hängen
über dem Schnepfenried
ein ideales Terrain vor.

Der Schnepfenried, eine Streusiedlung mit Wochenendhäusern, Skihütten und zwei Fermes Auberges, ist mit sieben Schleppliften ein respektables Skigebiet. Als Schneeschuhgänger kann man sich dort an gespurten Winterwegen orientieren. Prickelnder aber ist es natürlich, querfeldein zu gehen – die Raquettes, wie die Schneeschuhe im Französischen heißen, sind ja eigentlich auch genau dazu da. Bestens dafür geeignet sind die Höhen zwischen dem Col du Platzerwasel und dem Col du Hahnenbrunnen.

Im Wald bleibt man auf den Wegen, um kein Auerwild, keine Schneehühner oder Rehe aufzuschrecken. Ernst nehmen sollte man in den Hochvogesen auch die Lawinengefahr; ein Lawinen-Bulletin gibt es unter www.meteo france.com, über die örtliche Schneelage informiert www.bulletin-des-neiges.com

Keine Zauberei ist die Technik des Schneeschuhgehens. Solange es noch flach oder hügelig ist, bleibt man beim normalen Gehen, lediglich die Schrittbreite ist weiter. Wenn

Wer sich lieber bewegen lässt, kann sich am Col du Platzerwasel einer Huskie-Tour anschließen (links). Vom Nonselkopf (Mitte) schaut man hinüber zum Schnepfenriedkopf oder hinunter zur Ferme Auberge du Salzbach (rechts oben).

Col du Platzerwasel ist meist kaum gespurt. Über baumfreie Hänge steigt man nun auf den Nonselkopf, überschreitet im lichten Bergwald den 1314 Meter hohen Lauchenkopf und den Breitfirst und kommt so zum Col du Hahnenbrunnen. Jetzt kann man in einem weiten Rechtsbogen die offenen, im Sommer als Hochweiden dienenden Nordwesthänge auskosten.

Von den Berggasthöfen am Weg ist im Winter lediglich die Ferme Auberge du Salzbach geöffnet, allerdings nur am Wochenende (www.salzbach.com). Nach der Tour wird man am Schnepfenried zünftig einkehren in der Ferme Auberge au Grand Hêtre (Tel. 0033/389776195) oder der Ferme Auberge Deybach (www.ferme-auberge-deybach.fr); das trubelige Restaurant an der Talstation überlässt man besser den Skifahrern.

es steiler wird und das Gelände passt, legt man seine Spur in Serpentinen an. Mitunter sind auch echte Schneeschuhtechniken gefordert – der Entenschritt etwa, bei dem die Füße ein breites V beschreiben, oder der Treppenschritt, bei dem man seitwärts aufsteigt.

Höchsten Genuss für konditionsstarke Schneeschuhgänger verspricht eine Route, die vom Schnepfenried über drei Aussichtsgipfel auf den Vogesenhauptkamm zuführt. Kürzer und entschieden weniger anstrengend ist es, statt am Schnepfendried am Col du Platzerwasel zu beginnen, dem höchsten im Winter anfahrbaren Straßenpunkt.

Die lange Variante: Am Rande der Skipiste steigt man hoch zum Schnepfenriedkopf. Hier beginnt das Stapfen, denn der Übergang zum

Hin & weg: Schnepfenried (1010 m), beschilderte Abzweigung von der D27 zwischen Munster und Le Markstein.

Beste Zeit: Dezember–März, wenn ausreichend Schnee liegt.

Dauer & Strecke: Je nach Gusto und Verhältnissen; komplette Route 4 Std. Gehzeit, 13 km, 530 Hm; ab Col du Platzerwasel 2,5 Std. Gehzeit, 8 Km, 230 Hm.

Ausrüstung: Schneeschuhe und Teleskopstöcke mit großem Winterteller (Ausleihe am Restaurant Le Panoramic am Schnepfenried, www.schnepf.com, oder bei La Godille Sports in Munster, www.lagodillesports.fr), wasserdichte Wanderschuhe, sehr guter Kälteschutz, Energieriegel.

Übernachten kann man im Schnepfenried-
haus der Naturfreunde Colmar (www.amis-
nature.org). Ansonsten findet man Unterkunft
in den Talorten Metzeral und Munster.

Und zum Abschluss noch etwas ganz
Besonderes: Um den Lauchenkopf verläuft
eine vom Wintersportzentrum Le Markstein
kommende Loipe, die auch für Schlittenhun-
de-Ausflüge genutzt wird. Die sind zu buchen
bei einem Huskie-Team im Talort Sondernach
(www.revedenord.fr).

> **FAZIT: SO LÄSST SICH DER WINTER GENIE-
> BEN — MIT KNIRSCHENDEM SCHNEE, WEI-
> TEN AUSBLICKEN UND EINER LECKEREN
> BERGBAUERNMAHLZEIT.**

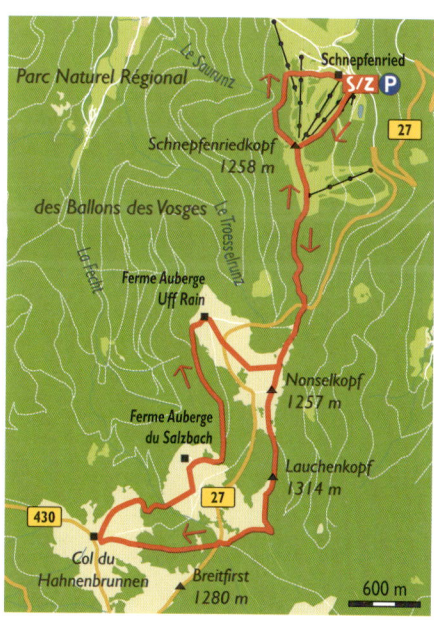

2. KAPITEL
AUSFLÜGE

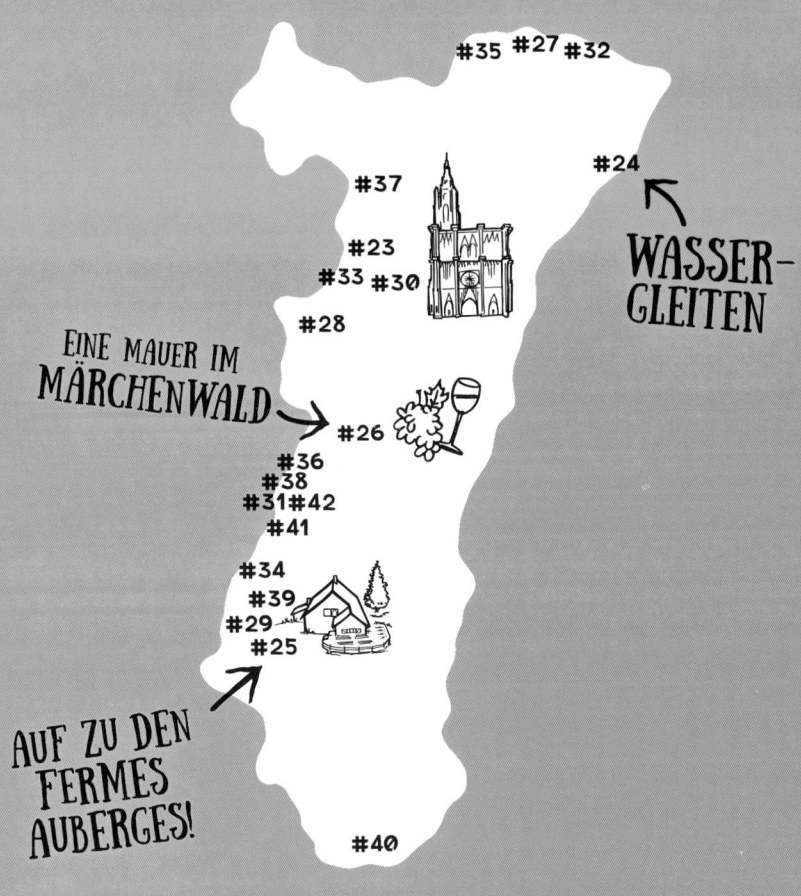

#35 #27 #32

#37

#24

WASSER-
GLEITEN

#23
#33 #30

#28

EINE MAUER IM
MÄRCHENWALD

#26

#36
#38
#31 #42
#41

#34
#39
#29
#25

AUF ZU DEN
FERMES
AUBERGES!

#40

Raus für einen Tag

Mit Zeit und Muße zu den schönsten Flecken des Elsass. Als Genusswanderung oder Felsenkraxelei. Auf zwei Rädern, dem Stehpaddel-Board oder Langlaufskiern.

12 H

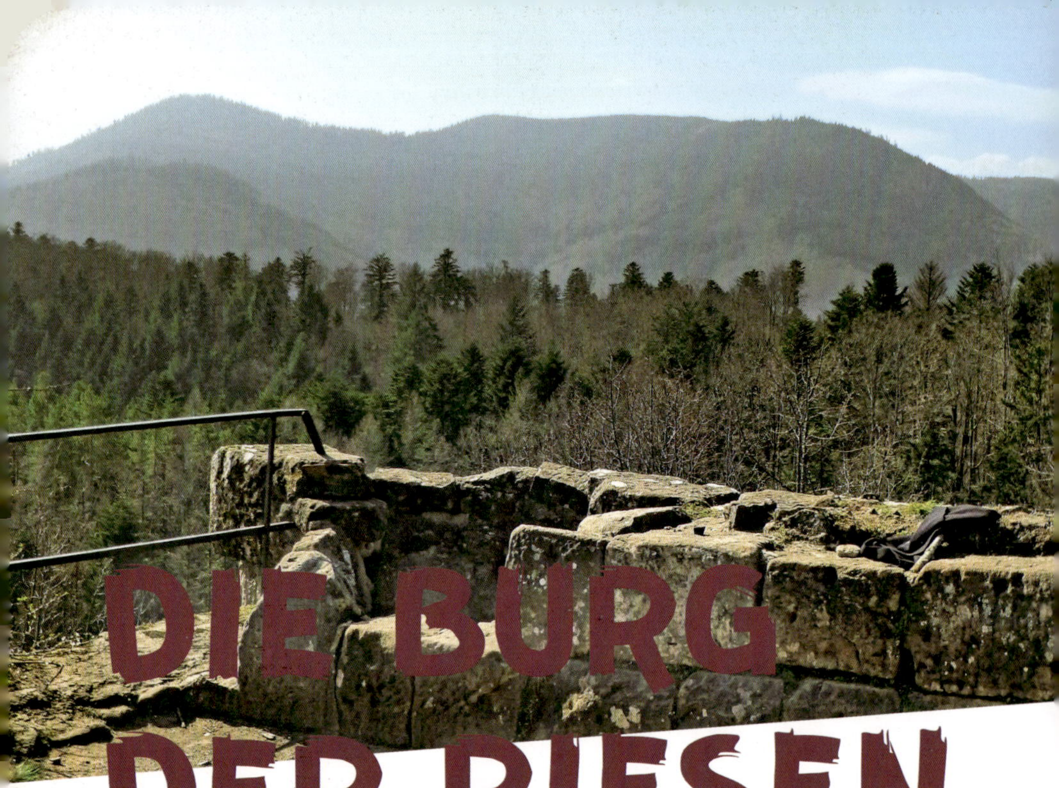

DIE BURG DER RIESEN

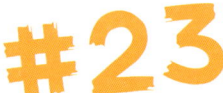

… über den Schneeberg zur Burg Nideck

#23

Wie eine Wand ragt der Schneeberg, mit 961 Metern eine der höchsten Erhebungen der Buntsandsteinvogesen, über dem allgäuerisch anmutenden Talkessel von Wangenbourg empor. Seine Überschreitung lässt sich mit dem Besuch einer Sagenburg und eines Wasserfalls verbinden.

#OhTannenbaum #BlicknachBordeaux #Wasserfall

Noch ein Blick von der Burg Nideck zum Rocher de Mutzig (links), dann geht es hinunter zum Wasserfall.

Da der Schneeberg mit prächtigem Nadelwald bedeckt ist, gibt er ein Ziel für alle Jahreszeiten ab – ohne die graubraune Tristesse von Laubwäldern in den Wintermonaten. Wer die Cascade du Nideck noch nicht kennt, sollte jedoch die erste Jahreshälfte wählen, um nicht von einem sommerlich-spärlichen Rinnsal enttäuscht zu werden.

An der Dorfstraße läuft man Richtung Obersteigen und findet bald die passenden Wegweiser. Für mehr als zwei Stunden wird der rote Balken des Weitwanderweges GR53 die Richtung vorgeben. Der kräftezehrende Aufstieg beginnt mit einer jener Forstautobahnen, die man nur mit einem schönen Tagtraum oder einem anregenden Gespräch übersteht.

Der Schneeberg riegelt den weiten Talkessel von Wangenbourg nach Süden ab.

Aber dann! Ein weich federnder Pfad, wie ihn Vogesenwanderer lieben. Genau richtig – nach einer Stunde mit hoher Pulsfrequenz – kommt die Erholung auf einem Panorama-Höhenweg hinter dem Col Schneeberg, bevor es auf einem Wurzelpfad zum Gipfel hinaufgeht.

Ein magischer Platz, der die Aufstiegsplackerei im Nu vergessen lässt! Kieselige Felsen mit vielfarbigen Flechten, windgebeugte Edeltannen, eine Feuerstelle, dazu ein instruktiver Fernblick: Eine Orientierungstafel weist weit über das Elsass hinaus; so sind dankenswerterweise Paris und Bordeaux eingezeichnet, Wladiwostok hingegen fehlt wie so oft.

Südwärts geht es zügig hinunter zum Maison Forestière du Nideck. Dort läuft man rechtsherum an einer wenig befahrenen Höhenstraße

entlang und biegt nach fünf Minuten zum Château du Nideck ab. Eine luftige Treppe führt auf die Oberburg, wo man schon das Rauschen der Cascade du Nideck (Eskapade #5) hört.

Obwohl die Burgruine nur bescheidene Ausmaße hat, sollen hier einst Riesen gehaust haben. Ihnen hat der Dichter Adelbert von Chamisso die »Ballade vom Riesenspielzeug« gewidmet, mit der Generationen deutscher Schüler malträtiert wurden:

Hin & weg: Wangenbourg, Parkplatz hinter der Kirche. Buslinien 420 und 232 ab Saverne.

Beste Zeit: Ganzjährig.

Dauer & Strecke: 6 Std. Gehzeit, 17,5 km, 800 Hm.

Ausrüstung: Wanderschuhe, Regenschutz, Proviant.

Wie auf so vielen elsässischen Gipfeln hat der Vogesenclub auch auf dem Schneeberg eine Orientierungstafel angebracht. Auf den Gipfelfelsen des Schneeberges geben merkwürdig geformte Löcher Rätsel auf (rechts unten).

Burg Niedeck ist im Elsaß der Sage
wohl bekannt,
Die Höhe, wo vor Zeiten die Burg
der Riesen stand;
Sie selbst ist nun verfallen,
die Stätte wüst und leer,
Du fragest nach den Riesen,
du findest sie nicht mehr ...

Vom Wasserfall zurück nach Wangenbourg: Mit der Markierung Rotes Dreieck hoch zum Forsthaus, links davon mit dem GR531 und dann dem GR532 durch die Südflanke des Schneeberges und nordwärts hinunter zur Siedlung Wolfsthal. Rechts durch Wiesen, im Wald an einem Rastplatz ohne Markierung halblinks weiter, kurz auf die Route Forestière du Schneethal, hinunter zu einem Bach und schweißtreibend hinauf ins Dorf. Wer den langen Wandertag zünftig beschließen möchte, macht jetzt noch einen Abstecher zum Château de Wangenbourg und plündert seinen Rucksack auf der Burgmauer.

FAZIT: EIN GIPFELRAUSCH IM EDELTAN-NENWALD MIT ALLEM, WAS EINE TOUR IN DEN MITTELVOGESEN AUSMACHT.

EINFACH TREIBEN LASSEN

⇒ ... beim Stand-Up-Paddeln auf der Moder ⇐

#24

Mit dem Stehpaddel einen Fluss hinunter-fahren – die Königsdiziplin dieser noch jungen Sportart. Dass so etwas nicht nur eine Sache für Spezialisten ist, zeigt die Moder. Östlich der Stadt Haguenau wird aus dem Flüsschen ein Fluss, der auch für weniger erprobte Stand-Up-Paddler zu bewältigen ist.

In ihrem Unterlauf zwischen Drusenheim und Neuhaeusel fließt die Moder – nur wenige hundert Meter vom Rhein entfernt – in weiten Schleifen durch Auenwälder, an Wiesen und Seen vorbei, um dann auf Höhe des badischen Iffezheim in den großen Fluss zu münden.

Ob auf dem Stand-Up-Paddle-Board, im Kanu oder im Kajak: Man kann sich auf entspannte Stunden auf dem bis zu 20 Meter breiten Fluss einstellen. Stehpaddler sollten eine kleine Finne wählen, da das Wasser stellenweise recht flach ist. Ausgeschilderte Ausstiegsstel-

Wenig Scheu vor Wassersportlern zeigen die am Ufer der Moder hausenden Nutrias. Diese Schwäne dagegen suchen das Weite. Nach einem Zwischenstopp bei Fort-Louis geht es auf dem Board weiter bis zum Rheindamm (rechts).

len laden zum Picknicken ein, direkt am Fluss liegen mit Stattmatten, Auenheim, Fort-Louis und Neuhaeusel hübsche elsässische Dörfer.

Die Strömung ist meist gering, es gibt weder Stromschnellen oder enge Kurven noch Tragestellen. Ideale Bedingungen also, um still dahinzutreiben und Schwäne, Graureiher und Kormorane zu beobachten. Wer etwas Glück hat, wird am Ufer Nutrias entdecken, die auch als Sumpfbiber bekannten Nagetiere.

Vom Einstieg in Drusenheim geht es sogleich in den dichten dschungelartigen Auenwald, der im Oberrheintal noch an vielen Stellen erhalten ist. Nach etwa sieben Kilometern kann man vor einer Linkskurve anlanden, um die Étangs de la Moder rechts des Flusses zu inspizieren. Bei Auenheim geht der Flussverlauf in offenes Gelände über.

Nachdem man noch einmal einen kleinen Wald passiert hat, kommt man zur Ausstiegsstelle an einer Brücke neben dem Hochwasserdamm des Rheins. Von hier bis zur Mündung wird die Moder als Kanal parallel zum Rhein weitergeführt. Mit einem vorher deponierten Fahrrad kann man nun am Rhein entlang nach Drusenheim zurückkehren. Bootsfahrer werden vom Kanuverleih abgeholt.

Tipp: Warum nicht dem Tag noch ein i-Tüpfelchen aufsetzen, indem man in Drusenheim die Rheinfähre nach Deutschland ausprobiert?

Hin & weg: Drusenheim, Parkplatz in der Rue des Acacias an der Moderbrücke. Ziel ist Neuhaeusel, die Anlegestelle befindet sich in der Rue du Rhin am Rheindamm 2 km östlich des Dorfes.

Beste Zeit: März–November.

Dauer & Strecke: 4–6 Std. Paddelzeit, 20 km, 8 Hm.

Ausrüstung: Stand-Up-Paddle-Board, Kanu oder Kajak (Verleih und geführte Touren über www.canoes-du-ried.com, www.alsace-canoes.com oder www.wildsport-tours.de), Regenschutz, Picknickproviant.

FAZIT: EIN IM GROBEN UND GANZEN NATURBELASSENER, GEMÜTLICHER FLUSS, IDEAL FÜR ETWAS FORTGESCHRITTENE STAND-UP-PADDLER.

ALMEN-RAUSCH

≳ ... am Thanner Hubel ≲

#25

Will man die Tradition der elsässischen Bergbauernhöfe und Hochalmen kennenlernen, ist der Thanner Hubel eine gute Wahl. Eine freundliche Seelenlandschaft, in der sich gleich drei Fermes Auberges ihre Ursprünglichkeit bewahrt haben.

#Almenrunde #Bergkäse #Määäh #Schlemmerei

So gar nicht für Touristen herausgeputzt wirkt die Ferme Auberge du Thanner Hubel.

Die Fermes Auberges kennt man heute als urige Berggasthöfe, ihre Ursprünge aber liegen in der jahrhundertealten Almwirtschaft. Im Frühjahr geht es aus dem Tal hinauf in die Höhenlagen, wo das Vieh auf den Bergwiesen hochwertiges Futter findet. Die Bauern stellen in den Almgebäuden, den Fermes, Butter und Käse her und bringen einen Großteil ihrer Milchprodukte möglichst frisch ins Tal hinunter. Wer früher mühselig von unten zum Handeln oder Tauschen heraufkam, wurde mit einem deftigen und schmackhaften Essen bewirtet. Diese ursprüngliche Lebensweise und Esskultur hat sich bis heute erhalten. Erst vor einigen Generationen kam die Gastwirtschaft hinzu, die Auberge, häufig mit einfachen Gästezimmern oder Schlafsälen für Wanderer, den *dortoirs*.

Der Thanner Hubel begeistert mit sanft geschwungenen Hügeln und dem Kontrast zwischen dichten Wäldern und weitläufigen Hochweiden, auf denen Vogesenrinder gemeinsam mit Ziegen, Pferden und Eseln

grasen. Bei gutem Wetter hat man hier, am Südrand der Vogesen, einen besonders guten Blick über den Jura auf die Schweizer Alpen.

Mit der Route kann man großzügig umgehen – der Thanner Hubel eignet sich bestens zum Umherstreifen nach Lust und Laune. Der Einstieg allerdings ist wichtig! Bequeme halten sich an den beschilderten Weg zur Ferme Thanner Hubel, sportliche Geher nehmen an einem Viehgatter einen unmarkierten Pfad. Der ist zunächst verflucht steil, entschädigt aber auf der Weidefläche Haut du Bourbach mit einem Vorgeschmack auf die kommenden Hochweiden. Beide Wege vereinigen sich an der Wegspinne Martinsplatz. Noch eine Viertelstunde im Wald und man ist an der Ferme Auberge du Thanner Hubel angelangt (www. thannerhubel.fr).

Ergiebiger als der ausgeschilderte Weg zur Ferme Auberge Gsang ist nun folgende Variante: Man steigt hinauf zum Refuge du Thanner Hubel, einer unbewirtschafteten Hütte des Vogesenclubs, passiert auf einem Almpfad den 1184 Meter hohen Hauptgipfel und erreicht einen Sattel mit der Vereinshütte Refuge Waldmatt. Nun könnte man direkt hinauf auf den Rossberg, aber schöner ist eine Schleife zu zwei weiteren Berggasthöfen.

Hin & weg: Wanderparkplatz am Col du Hunsruck (748 m) zwischen Thann und Masevaux. Vom Bahnhof Thann 6 km Fußweg.

Beste Zeit: Mai–Oktober.

Dauer & Strecke: 4–5 Std. Gehzeit, 14 km, 630 Hm.

Ausrüstung: Wanderschuhe, Regenschutz und viel Zeit.

Wenn das Wetter für die Fernsicht nichts hergibt, muss eine Orientierungstafel die Fantasie anregen (links oben). Beim Aufstieg zum Thanner Hubel blickt man zurück zu den Hochwiesen am Col du Hunsruck (rechts).

Zu den Fermes geht man rechts kurz bergab und läuft dann in einem weiten Linksbogen aussichtsreich zur Ferme Auberge Gsang (Tel. 0033/389389685). Nun ist es aber allerhöchste Zeit für eine kräftige Mahlzeit! Fünf Gehminuten dahinter kann man nach rechts einen Abstecher zur Ferme Auberge du Belacker machen (www.belacker.fr), die wunderschön auf einem Seitenkamm liegt. Nachdem man jetzt das Gelände kennt, findet man anschließend über den Aussichtsfelsen Vogelstein ganz leicht hinauf auf den 1191 Me-

ter hohen Rossberg, hinunter zum bereits bekannten Refuge Waldmatt und zu guter Letzt rechtsherum zurück zum Ausgangspunkt am Col du Hunsruck.

FAZIT: EINE SEELENLANDSCHAFT PAR EXCELLENCE – MIT GROßARTIGEN FERNBLICKEN, WEITEN ALMWIESEN UND VERFÜHRERISCHEN BERGGASTHÖFEN.

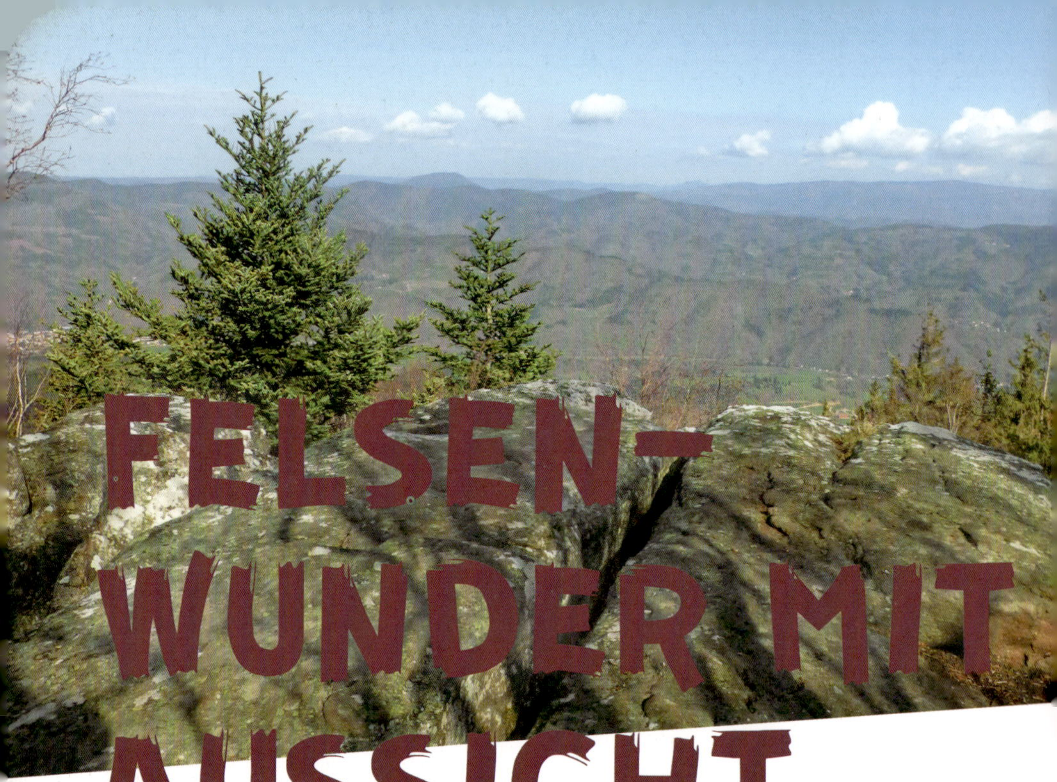

FELSEN-WUNDER MIT AUSSICHT

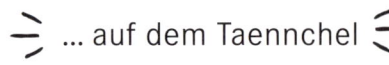

… auf dem Taennchel

#26

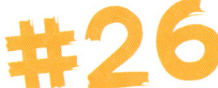

Wer nahe der Elässer Weinstraße ein wildes Gipfelerlebnis sucht, liegt mit dem Taennchel goldrichtig. Nur etwa vier Kilometer Luftlinie vom rummeligen Weinort Ribeauvillé entfernt, verzaubert er aufstiegswillige Wanderer mit einem Traumpfad, der in eine Welt voller Geheimnisse führt.

#Picknickrucksack #Heidenmauer #ReichderLuchse #echtKult

Auch wenn es hoch hinaufgeht: Der Taennchel eignet sich hervorragend für eine Familientour.

Der Taennchel gehört zu den wenigen Vogesengipfeln, bei denen keine Straße den Anstieg verkürzt, auch gibt es keinerlei Einkehr. Da schlägt die Stunde derer, die mit Liebe und Umsicht einen genussreichen Rucksack-Imbiss zusammenstellen können. Aus der Ebene bei Sélestat lässt sich kaum erahnen, dass die ebenmäßige Pyramide, die man da als Taennchel identifiziert, nur ein Vorgipfel ist und sich dahinter ein sechs Kilometer langer Kamm verbirgt, mit mehreren Erhebungen knapp unter der 1000-Meter-Marke und spektakulären Aussichtspunkten.

Felsenwunder folgt auf Felsenwunder – magische Plätze, von denen einige wohl als prähistorische Kultstätten dienten. Über den südlichen Teil des Kammes zieht sich die 2,3 Kilometer lange Mur Païen, die Heidenmauer, eine Befestigungsanlage unklaren Alters. Damit nicht genug: Seit 1983 leben am Taennchel wieder Luchse. Sehen wird man die scheuen Tiere nicht, allein das Wissen um ihre Anwesenheit erhöht aber den Zauber des Berges.

Vom etwas abseits der Weinstraße gelegenen Dörfchen Thannenkirch führt ein recht langer

Ein Waldgeist an der Schutzhütte Abri Kutzigbuech – das passt zum Taennchel. An der Heidenmauer entlang führt ein Höhenpfad zum Rocher de la Paix d'Udine, wo der lange Abstieg beginnt.

Anstieg auf das Gipfelplateau. Zunächst läuft man vom Friedhof in den Ort und biegt nach 400 Metern links in den Chemin du Lecotte ab. An dessen Ende beginnt ein Wanderweg mit der Beschilderung »Rocher des Géants«. Nach einem ersten Anstieg im Wald kommt man zu einer großen Lichtung. Ein Fahrweg zum Hotel Auberge du Melkerhof (www.hotels-au-naturel.com/de/hotel/le-melkerhof) wird ignoriert. Stattdessen: Ein steiler Serpentinenpfad, ein quer zum Hang verlaufender Weg und ein weiterer herzhafter Anstieg zum ersten Felsenwunder der Tour, dem 949 Meter hoch gelegenen Rocher des Géants.

Die nächsten eineinhalb Stunden gehören ganz dem Taennchel-Kamm, als Wegzeichen dient ein roter Ring. Also westwärts zum Rocher des Reptiles, einer eigenwilligen An-

sammlung von Felsblöcken, von denen einige an liegende Echsen erinnern. Ein toller Rastplatz mit Aussicht über das Lièprevette-Tal, das Val de Villé und zur Hohkönigsburg!

An der Schutzhütte Abri Kutzigbuech wendet sich der Weg nach links. Unter den vielen Felsen ragen der Rocher Nécropole, die »Totenstadt«, und die kecke Felsnase Rocher Pointu heraus. Der Höhenrücken endet am Rocher de la Paix d'Udine, einem exponierten Rastplatz mit Blick über die Burgruine Haut-Ribeaupierre auf die Weinorte am Fuß der Vogesen. Seine Bezeichnung erinnert an den 1797 in Udine zwischen Frankreich und Österreich geschlossenen Frieden.

Dann der lange Abstieg: Ein steiler Serpentinenpfad führt hinunter zu einem Waldweg,

dem man nach links zur Wegkreuzung Carre-
four Brigadier Denny folgt. Dort nimmt man
einen Pfad halbrechts und kehrt schließlich
auf einem Forstweg in einem weiten Linksbogen zurück nach Thannenkirch.

> **FAZIT: EIN TRAUMPFAD, GARNIERT MIT
> MOOSIGEN STEINBLÖCKEN, HEIDEKRAUT,
> HEIDELBEERGESTRÄUCH UND JEDER MEN-
> GE BIZARRER FELSEN.**

Hin & weg: Thannenkirch, Parkplatz nahe des Orts-
eingangs am Friedhof in der Rue Sainte-Anne.

Beste Zeit: März–Nov.

Dauer & Strecke: 4 Std. Gehzeit, 11,5 km, 530 Hm.

Ausrüstung: Wanderschuhe, Regenschutz, Proviant.

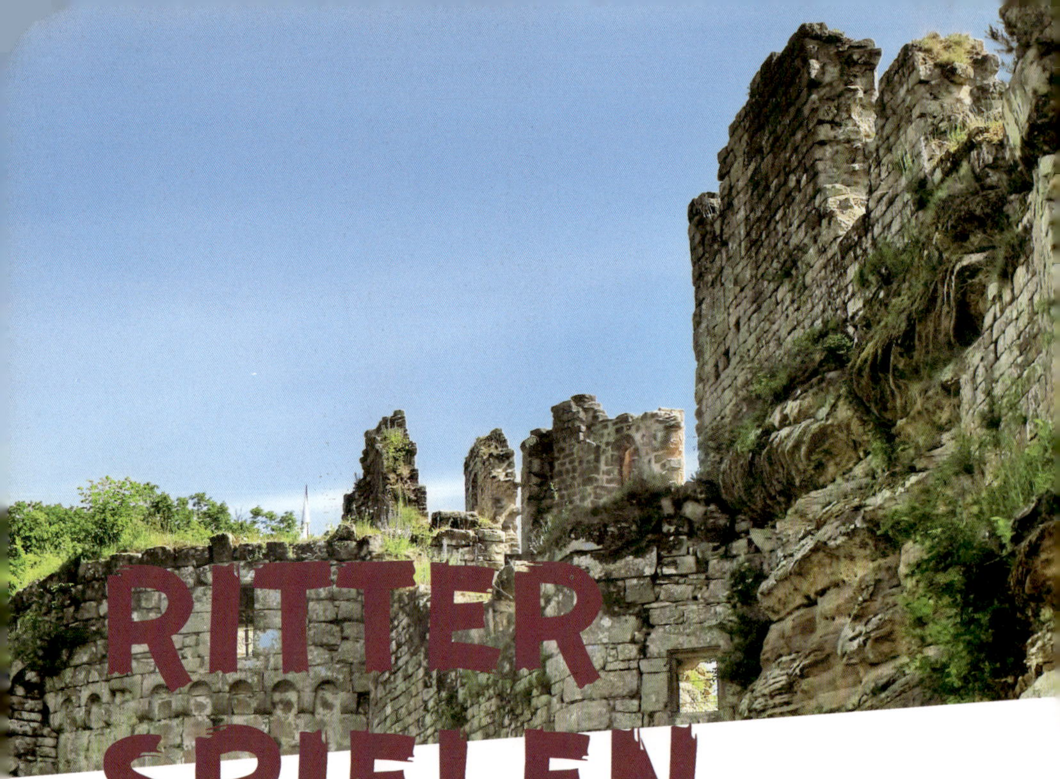

RITTER SPIELEN

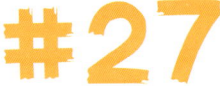

... auf den Felsenburgen Schoeneck und Lutzelhardt

#27

Das Elsass ist ein Burgenland. Vor allem auf den Vogesenbergen am Rande der Rheinebene reihen sich mittelalterliche Burgen und Burgruinen aneinander. Die wildesten Exemplare findet man im elsässisch-pfälzischen Grenzgebiet.

#protzenmitBurgen #verwunschen #Gourmettempel #Mittelalter

Wuchtig die Mauern der Ruine Schoeneck (links), luftig die Treppen der Ruine Lutzelhardt (rechts).

Die zwischen dem 11. und 13. Jahrhundert errichteten Anlagen dienten der Verteidigung und der Wegesicherung – und selbstverständlich auch dem Angeben, demonstrierten sie doch weithin sichtbar die Macht der Feudalherren. In den Nordvogesen errichtete man die Burgen auf exponierten Buntsandsteinfelsen und machte sie so zu schwer einnehmbaren Festungen.

Fünf Felsenburgen liegen rund um das verschlafene Walddörfchen Obersteinbach. Drei davon – Wineck, Schoeneck und Lutzelhardt – knöpft sich diese Eskapade vor. Dort findet man alles, was diese verwunschen wirkenden Ruinen ausmacht: Gewölbe, Kammern und Gänge, Brunnenlöcher und Zisternen, schwindelerregende Freitreppen und Plattformen. Romantisch kann das Leben hier nicht gewesen sein – harte Arbeit, Kälte und die ständige Furcht vor Überfällen prägten den Alltag.

Von der Wandererherberge in Obersteinbach geht es über den Sattel Col du Wittschloessel zur Burgruine Wineck. Ein schlanker Turm, Mauerreste mit Tordurchgängen und weit verstreute Mauersteine, das ist alles, was übrig geblieben ist. Dennoch: ein Platz mit einem ganz eigentümlichen Zauber.

Nach einem steilen Abstieg hält man sich rechts, läuft durch das Winecker Tal und steigt

zur Burgruine Schoeneck hinauf, die seit Jahren von dem Verein Cun Ulmer Grün aus dem nahen Dambach liebevoll restauriert wird. Das frühere Erscheinungsbild der Burg kann man sich entschieden freundlicher vorstellen, als es die Mauerreste heute vermuten lassen: Die Gebäude waren mit Kalkmörtel verputzt und weiß getüncht, Türen und Fensterrahmen blut- oder rosarot angestrichen.

Eine rund einstündige Waldwanderung führt weiter zur Burgruine Lutzelhardt, einer der bizarrsten elsässischen Felsenburgen, errichtet auf einem 60 Meter langen und nur zehn Meter breiten, hoch in den Himmel ragenden Felsen. Hölzerne, steinerne und eiserne Stiegen bringen Besucher auf eine luftige Aussichtsplattform mit einem interessanten Nordvogesenpanorama.

Etwas kniffelig ist der Übergang zum Aussichtsfelsen Bayrischer Windstein: Mit der roten Raute geht es hinunter ins Tal, an einer Weggabelung mit einer Ruhebank ohne Markierung nach links, zweimal rechts und mit dem blau-weißen Balken auf einem schmalen Steig zu dem genau auf der Grenze gelegenen Felsen. Auf dem Französisch-Deutschen Burgenweg kommt man dann problemlos zurück nach Obersteinbach und wundert sich über die zahlreichen Brunnen und die Existenz eines Gourmet-Restaurants (www.restaurant-anthon.fr).

Tipp: Mit dem Hôtel-Restaurant Au Cheval Blanc hat auch die Nachbargemeinde Niedersteinbach ihre Feinschschmeckeradresse (www.gourmet-hotel-elsass.com). Altkanzler Helmut Kohl war hier öfter zu Gast.

Wer nach der Tour noch etwas Nervenkitzel sucht, steigt von Obersteinbach auf den Wachtfels (links). In den Farben des Hotels Au Cheval Blanc waren einst auch die Fassaden der Burg Schoeneck gehalten (rechts unten).

FAZIT: TIEFE EINBLICKE IN DIE BIZARREN FELSENBURGEN AM NORDRAND DER VOGESEN – UND NATÜRLICH IN DIE FRANZÖSISCHE KÜCHE!

Hin & weg: Obersteinbach, Parken in der Ortsstraße an der Gite d'Étape Maison du Randonneur an der Abzweigung der Rue du Wittberg. Buslinie 317 vom Bahnhof Wissembourg.

Beste Zeit: Ganzjährig.

Dauer & Strecke: 5–6 Std. Gesamtzeit, 14,5 km, 510 Hm.

Ausrüstung: Wanderschuhe, Regenschutz, Proviant.

DIE GROßE WEITE

... auf dem Champ du Feu

#28

Mit 1099 Metern ist der Champ du Feu die höchste Erhebung der Mittelvogesen. Der wohl schönste Aufstieg zu den Heide- und Moorflächen auf seinem Gipfelplateau verläuft an einem der interessantesten Wasserfälle des Elsass vorbei durch die Nordflanke des Granitmassivs.

#CascadedelaServa #unterdenSternen #wildeTiere #Skilauf

Die Cascade de la Serva ist der Höhepunkt des Aufstiegs zum Plateau des Champ du Feu.

An eleganten Berggestalten mangelt es den Mittelvogesen gewiss nicht, denkt man etwa an den Donon oder den Ungersberg. Der Champ du Feu dagegen – schiere Masse. Das hat etwas für sich: Sein Gipfelplateau ist so ausgedehnt und die nächsten Siedlungen sind so weit entfernt, dass es kaum Lichtverschmutzung gibt. Ein Paradies für Sternengucker also, die in klaren Nächten hier im Dutzend ihre Teleskope aufbauen. Doch auch tagsüber wird man dort oben ein Gefühl großer Weite genießen. Woher der Name des Berges kommt? Unklar bis heute. Sicher ist nur: Mit Feuer hat er nichts zu tun. Aber macht die Vorstellung keltischer Sonnwendfeuer nicht dennoch Spaß?

Gut beschildert ist der Weg zum ersten Zwischenziel, den Serva-Wasserfällen. Anders als bei dem nördlich des Champ du Feu ge-

Wasserläufe, ein schöner Rastplatz, Fernblick - was will man als Wanderer mehr?

legenen Wasserfall von Nideck gibt es bei der Cascade de la Serva nicht den einen großen Wasserfall, sondern eine lange Folge kleinerer Fälle. Gurgelnde Wasser, moosige Felsblöcke und märchenhafte Baumriesen – einfach zauberhaft!

Nun mit der rechten Wegvariante weiter bergauf. Bald öffnet sich der Talkessel und man erahnt bereits die Hochheiden, die den Champ du Feu so sehr von seinen Nachbargipfeln unterscheiden. Eher charmefrei wirkt dagegen die Station La Serva, wo man sich im Winter zum alpinen und nordischen Skilauf, zum Rodeln und Schneewandern trifft.

Nun einfach über die Hochfläche streifen oder doch ein klares Ziel anvisieren? Das könnte der weithin sichtbare Aussichtsturm auf dem

höchsten Punkt des Champ du Feu sein. Also auf Wiesenpfaden rechts am Waldrand entlang und in einem weiten Bogen zum Turm, der vom Verfall bedroht war, nun aber renoviert wird.

Frei von den Zwängen irgendeiner Markierung stromert man dann wieder hinunter zur Skistation. Dahinter kann man rechtshaltend den alternativen Abstieg zur Cascade de la Serva

Hin & weg: Natzwiller, Parkplatz am Ende der Rue de la Cascade. Mit der Bahn über Schirmeck bis Rothau, von dort 5 km Fußweg zum Ausgangspunkt.

Beste Zeit: Frühjahr oder Frühsommer, solange die Cascade de la Serva viel Wasser führt.

Dauer & Strecke: 3–4 Std. Gehzeit, 11 km, 500 Hm.

Ausrüstung: Wanderschuhe, Regenschutz, Proviant.

Weithin sichtbar steht das Mahnmal des Konzentrationslagers Natzweiler-Struthof am Nordhang des Champ du Feu.

auf dem Chemin des Champs Prés wählen. Den Rest besorgt die Schwerkraft. Wer Gefallen am Champ du Feu gefunden hat, findet Unterkunft in Natzwiller in der Auberge Metzger (www.hotel-aubergemetzger.com) oder in La Serva im Hôtel Champ du Feu (www.mont champdufeu.com).

Tipp: Eine nächtliche Fahrt in gemächlichem Tempo über den Champ du Feu. Selten sieht man so viele leuchtende Augen und dunkle Gestalten am Straßenrand. Hier sagen sich wirklich Fuchs und Hase, Reh und Hirsch gute Nacht.

P.S. Der Ausgangspunkt Natzwiller in einem Seitental des Bruchetals hat es zu trauriger Berühmtheit gebracht: An einem Berghang oberhalb des Ortes lag das Konzentrationslager Natzweiler-Struthof, das einzige deutsche KZ in Frankreich. Für die Besichtigung kann man zwei bis drei Stunden einplanen (www. struthof.de).

FAZIT: EIN BERG, DER EINFACH ANDERS IST. FÜR FREUNDE STERNKLARER NÄCHTE GENAUSO WIE FÜR TAGTRÄUMER.

WIE GEMALT

... bei Rimbach-près-Masevaux

#29

Verschlungene Pfade entlang klarer Bergbäche. Tiefgrüne kreisrunde Seen, in denen sich Bergflanken spiegeln. Von Granitfelsen und Geröllhalden durchbrochene urzeitliche Wälder, dazu noch zwei schön gelegene Berggasthöfe – das verspricht eine Wanderung im Quellgebiet des Flüsschens Doller.

#kraxeln #Gletscherkar #UrzeitlicheWälder #Serpentinenpfad #angeln

Dahinter liegt der ungleich größere Grand Neuweiher. Schwer vorstellbar, dass sich hier vor 200 Jahren nur Wiesen befanden. Die Staumauern waren damals so stark beschädigt, dass man die Seen trockenlegte und die Senken als Wiesen nutzte. Erst 1858, als die prosperierende Metallindustrie im Tal Wasserkraft benötigte, baute man größere Dämme und staute das Wasser wieder auf – die Neuweiher waren geboren. Geradezu unverschämt schön am Ufer gelegen ist die Auberge du Refuge du Neuweiher (www.auberge-refuge-neuweiher.fr), in der man auch übernachten kann.

Den folgenden Aufstieg kann man getrost brutal nennen, ein schier endloser, dabei angenehm schattiger Serpentinensteig mit aufregenden Tiefblicken zum Neuweiher. Welch ein Szeneriewechsel, wenn man plötzlich aus dem Wald auf die aussichtsreiche Hochweide Haute Bers heraustritt!

Nicht nur der Vogesenhauptkamm hat seine Gletscherseen. Auch im äußersten Südwesten der Vogesen findet man sie, auf der Ostseite des Gebirgszuges, der sich vom Ballon d'Alsace bis zum Tête des Perches zieht. Wer die Seen bei vollem Wasserstand erleben möchte, sollte sich im Frühjahr oder Frühsommer auf den Weg machen.

Direkt neben der netten Auberge du Touriste (Tel. 0033/389820098) beginnt ein Wiesenpfad zum Weiler Ermensbach. Dort angekommen, nimmt man den unteren der beiden in Frage kommenden Wege, den Chemin des Pierres. Auf der Seitenmoräne eines Gletschers geht es, begleitet vom Rauschen des Neuweiherbaches, schweißtreibend hinauf zum Petit Neuweiher.

Auf einem etwas kraxeligen, aber angenehm zu gehenden Weg kommt man hinunter zum Lac des Perches oder Sternsee, 984 Meter hoch gelegen und damit deutlich höher als die Neuweiher. Schön ist die Vorstellung, dass sich der Name des Sees mit seinem klaren Wasser aus dem französischen Wort für Blaubarsch herleitet – aber leider falsch! Da hat sich einfach irgendwann eine unkorrekte Schreibweise von »Lac des Bers« eingeschlichen. Einfacher verhält es sich mit der elsäs-

Hin & weg: Rimbach-près-Masevaux, Parkplätzchen an der Auberge du Touriste, von Masevaux kommend 100 m hinter der Kirche, oder an der Straße parken. Mit der Buslinie 605 ab Bahnhof Thann.

Beste Zeit: April–Juni.

Dauer & Strecke: 4–5 Std. Gehzeit, 15 km, 585 Hm.

Ausrüstung: Wanderschuhe, Regenschutz, Proviant.

Ein Narr, wer hier nicht eine Rast einlegt – in der Auberge du Refuge du Neuweiher (links). Lichte Höhen bei Rimbach-près-Masevaux (Mitte), der Lac des Perches und ein nettes Restaurant (rechts).

sischen Bezeichnung Sternsee: Einer Legende zufolge sei einst ein junger Bub, der nach einer Sternschnuppe greifen wollte, in den See gefallen und ertrunken.

Durch das Schoenebachletal kann man jetzt direkt nach Rimbach-près-Masevaux absteigen. Pfiffiger ist es, am Refuge de la Basse Bers, einer wegen Baufälligkeit aufgegebenen früheren Pfadfinderhütte, links abzubiegen und sich mit Blick über das Vallee de

Doller in der Ferme Auberge du Riesenwald (Tel. 0033/389820434) noch etwas Gutes zu gönnen, bevor es ins Tal hinuntergeht.

> **FAZIT: ZWEI DER SCHÖNSTEN BERGSEEN DER VOGESEN. AUCH WENN HIER KEIN GIPFEL AUF DEM PROGRAMM STEHT: DIES IST EINE STRAMME BERGTOUR!**

ALLE ZEIT DER WELT

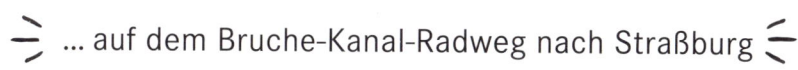 ... auf dem Bruche-Kanal-Radweg nach Straßburg

#30

Auf einem Genussradweg mit dem Schwarzwald vor Augen an einem verträumten Kanal entlang. Schwäne, Störche und Graureiher beobachten. Die Zeit vergessen. Und dann der große Kontrast: die pulsierende Innenstadt von Straßburg. Eine ausgesprochen elegante Art, die elsässische Metropole zu besuchen!

Kanäle gehören zu Frankreich wie Pässe zur Schweiz. Dutzende davon ziehen sich wie Lebensadern durch das Land. Einst Transportwege für Waren von Kohle und Erz über Ziegelsteine bis zu Getreide und Wein, dienen sie heute vor allem dem Freizeitvergnügen.

So auch der 20 Kilometer lange Bruche-Kanal, der vom Rand der Vogesenberge quer durch die Rheinebene bis nach Straßburg führt.

Eigentlich ist er eher ein Kanälchen, ab 1682 unter der Leitung des allgegenwärtigen Fes-

Am Ufer der Ill radelt man auf das Straßburger Münster zu (links). Der Rückweg gehört dann wieder dem ländlichen Elsass, mit hübschen Pferden und fast ebenso hübschen Schleusenhäuschen (rechts).

tungsbaumeisters Vauban angelegt für den einzigen Zweck, den Sandstein für den Bau von Befestigungsanlagen nach Straßburg zu schiffen. Bis zum Beginn des Zweiten Weltkrieges war der Kanal in Betrieb. Da er als Transportweg im Automobilzeitalter verzichtbar geworden war, wurden die im Krieg zerstörten Brücken so niedrig wiederaufgebaut, dass keine Lastkähne mehr darunter durchpassen.

Der Wasserweg folgt zunächst dem Verlauf der weit hinten in den Vogesen entspringenden Bruche. Ab Ernolsheim geht der Fluss dann seinen eigenen Weg und mäandert südlich des Kanals durch die Bauernlandschaft der Rheinebene. Der Radweg bleibt auf dem Treidelpfad und passiert auf dem Weg nach Straßburg elf ehemalige Schleusen mit malerischen Schleusenhäusern und mehrere hübsche Dörfer, die zu einem Abstecher einladen.

Im Straßburger Viertel Montagne Verte mündet der Kanal ebenso wie die Bruche in die Ill. An dem hier, unweit seiner Mündung, doch stattlichen Fluss führt ein Radweg am Musée d'Art Moderne vorbei zum Viertel La Petite France mit seinen historischen Gebäuden und gemütlichen Restaurants.

Es gibt gute Gründe, die Radwanderung in der angegebenen Richtung zu unternehmen und in Wolxheim zu starten: So erspart man sich Verkehrstrubel und Parkhaus-Tristesse in Straßburg, besichtigt zu Fuß, wonach einem der Sinn steht, gibt sich in einer Weinstube der elsässischen Küche hin und radelt am

späten Nachmittag ganz entspannt auf die untergehende Sonne zu. Aber aufpassen! Die Abzweigung des Kanal-Radweges vom Ill-Radweg ist leicht zu verfehlen; man beachte die nach Molsheim weisenden Schilder.

FAZIT: AUF EINEM WUNDERSCHÖNEN RADWEG IN DIE LEBENDIGE ALTSTADT VON STRAßBURG.

Hin & weg: Wolxheim, Parkplatz an der Brücke. Vom Bahnhof Molsheim mit der Buslinie 235.

Beste Zeit: April–Oktober.

Dauer & Strecke: 3 Std. Fahrzeit, 44 km (hin und zurück), 105 Hm.

Ausrüstung: Sportschuhe, Regenschutz.

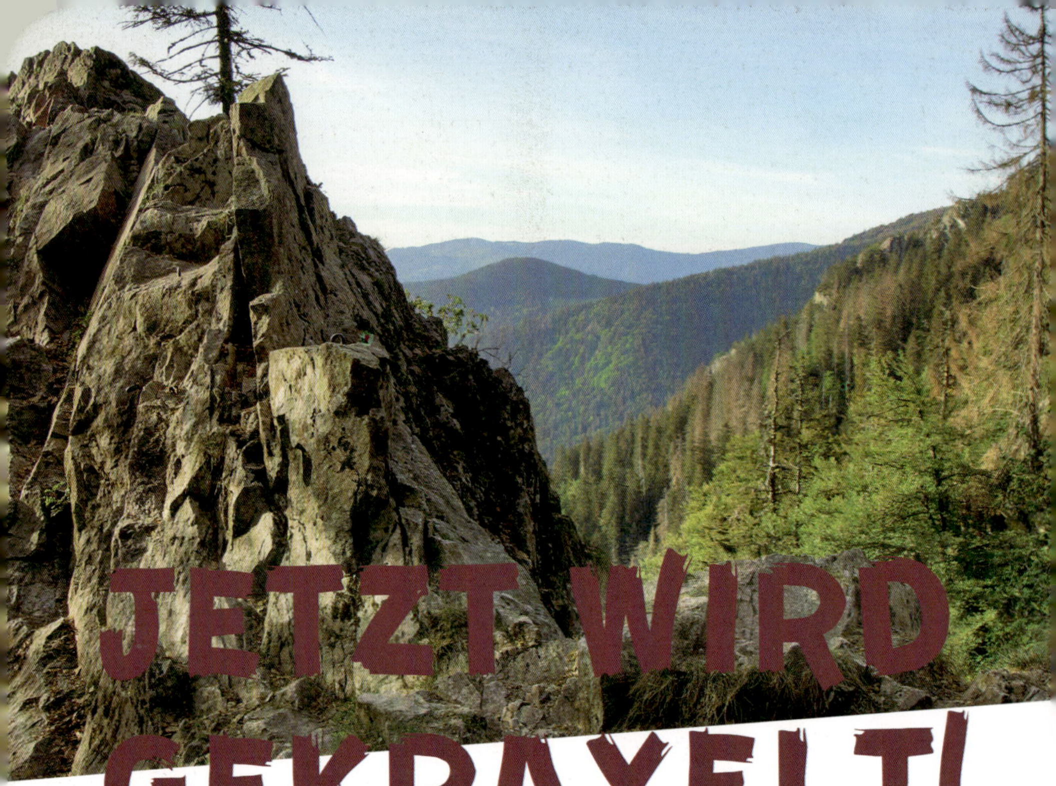

JETZT WIRD GEKRAXELT!

… auf dem Sentier des Roches

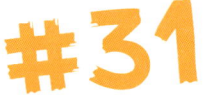

#31

Wenn es im Elsass eine alpine Herausforderung für Wanderer gibt, dann diesen Felsenpfad zwischen dem Col de la Schlucht und dem Frankenthal. Der gesicherte Pfad, an der Grenze zum Klettersteig, zieht sich durch eine steile Flanke des Vogesenhauptkammes.

#Alpenfeeling #schlemmenmitAussicht #Felsenweg #Nervenkitzel

Nähe und Ferne verschmelzen auf dem Felsenweg zu einem prickelnden Erlebnis.

Trittsicher und schwindelfrei sollte man für den Sentier des Roches schon sein. Übertriebene Ehrfurcht allerdings ist fehl am Platz: Mit Drahtseilen, Geländern, Leitern und Brückchen ist der Steig solide gesichert. Durchgängig ist Konzentration gefordert, mitunter kommen die Hände zum Einsatz. An Wochenenden in der Hauptsaison können auch die vielen anderen Wanderer eine Herausforderung sein, welche die gleiche Ausflugsidee hatten.

Auch wenn der eigentliche Sentier des Roches nur drei Kilometer lang ist, kann man mit mindestens drei Stunden Gesamtgehzeit rechnen – insbesondere dann, wenn man, wie hier vorgeschlagen, einen größeren Rundweg über die Ferme Auberge Les Trois Fours daraus macht.

Auf dem Col de la Schlucht findet man am ostseitigen Parkplatz den Einstiegspunkt und kommt sogleich in anspruchsvolles Felsgelän-

de. Da geht es mal dicht an der Wand lang, mal mit steilem Gekraxel auf und ab, mal durch eine in den Fels geschlagene Passage oder durch ein Felsentor. Dazwischen tun sich immer wieder spektakuläre Ausblicke ins Munstertal auf.

Nach fast eineinhalb Stunden ist am Krappenfels der Nervenkitzel-Teil der Wanderung zu Ende und man kommt ins Frankenthal, einen wunderschönen Talkessel zu Füßen des Hohneck, des dritthöchsten Vogesengipfels. Inmitten dieser alpin anmutenden Landschaft liegt wie gerufen die Marcairie du Frankenthal, eine denkbar einfache Almwirtschaft (Tel. 0033/389771085).

Der folgende Aufstieg zum Col du Falimont wird auf einem Wegweiser als schwierig an-

gekündigt, ist aber lediglich steil und anstrengend. Im Winter allerdings sollte man dieses Gelände wegen Lawinengefahr unbedingt meiden. Am Beginn des Aufstieges durchquert man ein kleines Hochmoor. Vom Gletschersee, den es einmal hier gab, ist nur noch ein kleiner Tümpel übrig. Dann zieht die Mar-

---

Hin & weg: Parkplatz am Col de la Schlucht zwischen Munster und Gerardmer (1139 m). Mit der Buslinie 1B vom Bahnhof Munster, von Mitte Juli bis Mitte August auch mit einer Bus-Sonderlinie (www.navettedescretes.com).

Beste Zeit: Mai–Oktober.

Dauer & Strecke: 3–4 Std. Gehzeit, 8,5 km, 490 Hm.

Ausrüstung: Feste Wanderschuhe, Wetterkleidung, Proviant.

Die Martinswand, Les Trois Fours, die Marcairie du Frankenthal (links) und der Felsenpfad.

tinswand, der größte Kletterfels der Vogesen, die Aufmerksamkeit auf sich.

Szeneriewechsel am Col du Falimont: Der letzte Teil der Tour ist ein entspannter Bummel auf dem hier stark bewaldeten Vogesenhauptkamm. Auf halber Strecke liegt die Ferme Auberge des Trois Fours (www.auberge-des-trois-fours.com) – genau die richtige Pausenstation, um mit Blick auf die hohen Vogesengipfel die reichen Eindrücke der Tour sacken zu lassen.

FAZIT: DER WOHL ANSPRUCHSVOLLSTE VOGESENWANDERSTEIG, BESTENS ABGESICHERT UND MIT TRAUMHAFTEN AUSSICHTSPUNKTEN GESPICKT.

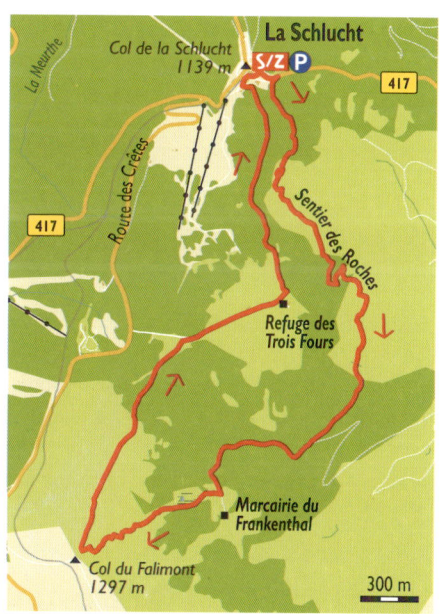

FACHWERK-TRAUM

$\succ$ ... bei einer Radtour bei Wissembourg $\prec$

#32

Diese Eskapade an der Grenze zur Pfalz ist mit ihren ursprünglichen Dörfern, einem Auenwald und einem bezaubernden Städtchen eine tagesfüllende Beschäftigung – Weinprobe, Flammkuchen und Picknick mit Blick auf die Vogesenberge inklusive.

#Flammkuchen #Fachwerkhäuser #Weinprobe #Vogesenblick

Nach den Fachwerk-
impressionen des
Soultzerlandes: ein
Fußbad in der Lauter.

Wer zum ersten Mal hierherkommt, wird als-
bald dem Charme der unzähligen Fachwerkhäuser erliegen. Im Elsass hat sich die einst
vom Atlantik bis Osteuropa reichende Fach-
werkbauweise bis heute erhalten. Im Umland
von Wissembourg – im grenznahen Deutschland sagt man Weißenburg – kann man sie besonders gut studieren, denn die Fachwerkdörfer sind hier frei von touristischem Trubel und
Kitsch. An den Wohnstuben mit vorspringen-
den Erkern ist die alemannische Fachwerk-
bauweise zu erkennen, die Wände sind meist
weiß verputzt, vereinzelt bricht aber auch die
Neigung der Elsässer zum Grellbunten durch.

Natürlich könnte man auch zu Fuß durch die
Dörfer streifen. Ergiebiger ist es jedoch, das
Velo zu nehmen und auf ruhigen Nebenstraßen die Soultzerland genannte Gegend ab-
zuklappern. Wer hier deutsche Straßenver-
hältnisse befürchtet, kann beruhigt sein: In
Frankreich hat man Respekt vor Fahrradfah-
rern und hält beim Überholen einen angemes-
senen Abstand ein.

Von einem Kreisverkehr in der Nähe des Wis-
sembourger Bahnhofs strampelt man hinauf
nach Oberhoffen-lès-Wissembourg, wo man
einen Vorgeschmack auf die kommenden

Fachwerkfreuden erhält. Ein weiterer Anstieg wird durch die Aussicht auf eine Weinverkostung im Weinkeller Cave de Cléebourg versüßt (www.cave-cleebourg.com). Schon im 8. Jahrhundert hatten Dominikanermönche die Weinrebe hierhergebracht. Als anständiger Gast wird man es nicht beim Probieren belassen, sondern einige Flaschen in den Satteltaschen unterbringen.

Dann weiter nach Hunspach, offiziell klassifiziert als eines der schönsten Dörfer Frankreichs, dann Hoffen und Seebach, allesamt Fachwerkdörfer wie aus dem Bilderbuch. In Schleithal, dem längsten Straßendorf des Elsass, biegt man links in die Rue de la Gare ab. Gegenüber ihrer Einmündung in die belebte Straße zwischen Wissembourg und Lauter-

bourg beginnt ein Waldweg zum Ausflugslokal Bienwaldmühle im deutschen Teil des Bienwaldes. Parallel zum Flüsschen Lauter radelt man dann auf dem PAMINA-Radweg durch einen brettebenen Wald zurück nach Wissembourg.

Ein Narr, wer den Tag nicht mit einem Bummel durch das malerische Städtchen ab-

Hin & weg: Wissembourg, Bahnhof.

Beste Zeit: April–Oktober.

Dauer & Strecke: Rad-Rundtour, 3 Std. reine Fahrzeit, 49 km, 230 Hm.

Ausrüstung: Tourenrad oder E-Bike, Wetterkleidung, Fahrradtaschen mit Platz für ein paar Flaschen Wein, Picknickproviant (die gemütlichen Lokale in den Dörfern sind leider meist nur am Abend geöffnet).

Beim Radeln schaut man zur Hügelkette der Nordvogesen, auf Fachwerkfassaden und in Vorgärten, in Wissembourg dann in die Auslagen der Patisserien, auf Kanäle oder zur Kirche Saints-Pierre-et-Paul.

schließt. Zwei Stunden kann man getrost einplanen für den historischen Ortskern mit der romanisch-gotischen Abteikirche Saints-Pierre-et-Paul, der gut erhaltenen Stadtmauer und dem lebendigen Straßenleben. Wie wäre es zum Abschluss mit einem echten Elsässer Flammkuchen im Restaurant La Mirabelle (restaurant-lamirabelle.eatbu.com) oder Choucroute Garnie, dem traditionellen elsässischen Sauerkrautgericht, im altehrwürdigen Hotel-Restaurant de la Couronne (www.couronne-wissembourg.com)?

Tipp: In Hunspach kann man den direkten Weg nach Seebach nehmen, wodurch sich die Tour um gute zehn Kilometer verkürzt.

FAZIT: ABWECHSLUNGSREICHE RADWANDERUNG IM ÄUBERSTEN NORDEN DES ELSASS, GEWÜRZT MIT EINIGEN ANSTIEGEN.

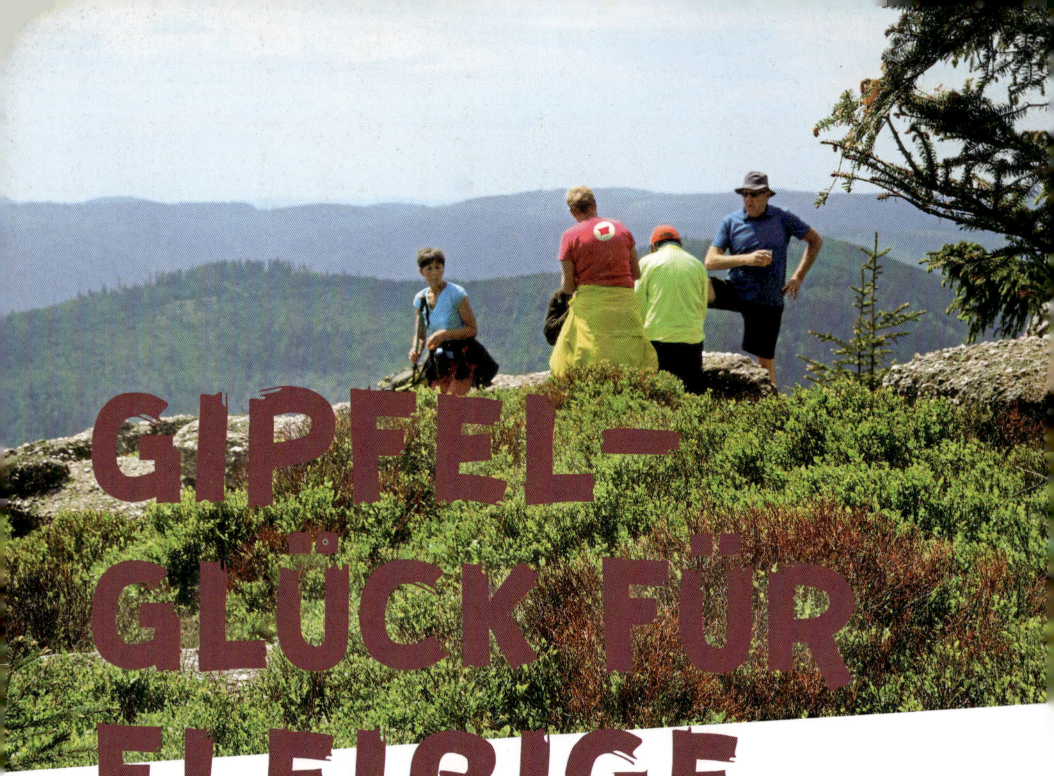

GIPFEL-GLÜCK FÜR FLEIßIGE

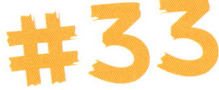

... auf dem Rocher du Mutzig

#33

Ein exponierter Gipfel in einem Revier für Wanderer, die vor langen und einsamen Wegen nicht zurückschrecken, sich an verwunschenen Pfaden und herrlichen Wäldern ergötzen können und es verkraften, wenn einmal kein Gasthaus am Weg liegt.

#Gipfelstürmer #Baummeer #Menhire #Teufelspforte

Zwischen kieseligen Blöcken dehnen sich auf dem Gipfel des Rocher de Mutzig Heidekrautfelder aus.

Der Rocher de Mutzig ist eines der großen Ziele der Mittelvogesen, die sich vom Zorntal bei Saverne bis zum Tal der Lièpvrette westlich von Sélestat erstrecken. Die Berge hier sind fast doppelt so hoch wie in den Nordvogesen; die Felsen dagegen sind kleiner und seltener. Anders als in den Südvogesen zeigen sich die Gipfel meist bewaldet, bieten aber doch spektakuläre Aussichtspunkte.

Das alles trifft auch auf den 1009 Meter hohen Rocher de Mutzig zu, der weithin sichtbar das Vallée de la Bruche überragt. Aus welcher Himmelsrichtung auch immer man ihn angeht, ohne Schweiß ist dieser stolze Berg nicht zu haben. Kommt man von Westen, von Oberhaslach, sind es mindestens drei Stunden bis zum Gipfel. Ebenso lange dauern die Südanstiege von Urmatt oder Lutzelhouse.

Eine halbe Stunde unterhalb des Gipfels wird die Porte de Pierre bestaunt (Mitte), oben dann das Vogesenpanorama um den Champ du Feu (rechts).

Alle diese Zugänge haben auch ihre weniger attraktiven Passagen, vor allen in den Tälern und den tiefer gelegenen Wäldern. Durchgehend schön, etwas kürzer und weniger anstrengend ist der Zugang vom Col de Donon.

Hier wird die schnellste Route vorgeschlagen. Man startet auf 430 Metern Höhe unweit der Passstraße, die von Oberhaslach hinüberführt nach Wangenbourg, und steigt dann auf zauberhaften Pfaden kontinuierlich bergan. Ausgerechnet in dieser abgelegenen Region hat der Vogesenclub mit Schildern gegeizt; also hangelt man sich umsichtig von Wegzeichen zu Wegzeichen.

Auf einem Sträßchen bummelt man hinauf zu den Hochwiesen von Gensbourg. Hinter einem Anwesen, das bis vor einigen Jahren als Relais de Gensbourg Gäste beherbergte, beginnt der eigentliche Anstieg mit der Markierung Gelber

Balken. Durch eine Kastanienallee geht es in den Wald und zu einer markanten Wegkreuzung. Dort wechselt die Markierung: Mit dem blauen Kreuz steigt man rechtsherum hinauf zum Col du Wildberg.

Dort abermals ein neues Wegzeichen, das gelbe Kreuz. Auf einem Heidelbeerpfad mit Blick zum massigen Schneeberg gewinnt man schnell an Höhe, umgeht den Kleinen Katzenberg auf seiner Nordflanke und kommt so zur Porte de Pierre, einem eigenwilligen Felsen,

Hin & weg: Gensbourg bei Oberhaslach, vom Parkplatz der Cascade du Nideck noch 1,5 km auf der D218, dann links in die Rue de Gensbourg und zu Parkplätzchen am Verbotsschild.

Beste Zeit: Mai–Oktober.

Dauer & Strecke: 4 Std. Gehzeit, 12 km, 600 Hm.

Ausrüstung: Wanderschuhe, Regenschutz, Proviant.

aus dem Wind und Wetter einen Torbogen geformt haben. Ein magischer Ort – naheliegend, dass das Felsgebilde bis in die Neuzeit als Teufelspforte interpretiert wurde, hinter der verbotenes Land lag. Dazu passen die ringsherum verstreuten kleinen Menhire und Schalensteine, die auf eine keltische Kultstätte hinweisen.

Jetzt gibt der rote Balken des Weitwanderweges GR53 die Route vor. Noch eine gute halbe Stunde im Hochwald und man steht endlich auf dem Gipfel des Rocher de Mutzig. Dort rastet man auf großen, kieseligen Felsblöcken und

genießt ein grandioses 200-Grad-Panorama mit dem Col du Donon und dem Champ du Feu als Blickfang. Dass der Rückweg auf der gleichen Route verläuft, kann durchaus als Gewinn verbucht werden: Wie anders präsentiert sich die Landschaft doch in dieser Gehrichtung!

> **FAZIT: DER HÖCHSTE GIPFEL NÖRDLICH DES BRUCHETALS – SEHR URSPRÜNGLICH. MOTTO: EIN BISSCHEN SCHWEIß STEIGERT DAS GIPFELERLEBNIS.**

ALPINE KULISSEN

... rund um den Hohneck

#34

Dies ist eine Tour der Superlative, in einer von Gletschern geformten Landschaft mit Felsabstürzen, Geröllhalden und Berg-urwäldern. Mit etwas Glück entdeckt man an den steilen Hängen sogar Gämsen. Drei Karseen und vier Gipfel setzen die Glanzlichter.

#Gletscherseen #Kammwanderung #Fernblick #Bergluft

Nach dem Blick vom
Hohneck zu Schnepfen-
ried und Grand Ballon:
Höhenwanderung zur
Auberge Firstmiss.

Klar, dass eine Tour in diesem alpinen Gelände einen frühen Aufbruch, solide Kondition,
Trittsicherheit und trockenes, verlässliches
Wetter erfordert. Die Gehrichtung wurde so
gewählt, dass die anspruchvolleren Passagen
in der ersten Hälfte der Wanderung liegen.
Auf abenteuerlichen Steigen geht es mit einigen knackigen Anstiegen in der Ostflanke des

Vogesenhauptkammes von Bergsee zu Bergsee. Auf die Besteigung des Hohneck, des
dritthöchsten Vogesengipfels, folgt eine lange
Panoramapassage, dann ein steiler Abstieg
über 750 Höhenmeter.

Von der Chapelle Saint-Antoine im Talschluss
des Fechttales führt ein Bergpfad gleich mit

erfreulicher Entschiedenheit hinauf zum Altenweiher, dem ersten von drei aufgestauten Gletscherkarseen. An seinem felsigen Ufer findet man wunderschöne Rastplätze.

Fast 250 Meter höher inmitten von Hochweiden liegt die Ferme Auberge Kastelberg (www.ferme-auberge-kastelberg.fr). Wer würde bei dieser Aussicht der Versuchung eines zweiten Frühstücks widerstehen? Eine Herausforderung für die Kniegelenke ist der folgende Abstieg zum kreisrunden Lac Fischboedele. Hier lädt ein kleiner Pavillon zu einer stilvollen Pause ein.

Nur eine Viertelstunde entfernt ist der wesentlich größere Lac de Schiessrothried, der Ende des 19. Jahrhunderts gestaut wurde, um die Mühlen im Tal verlässlich mit Wasser zu versorgen. Noch ein blockiger Serpentinenpfad und man muss schon wieder einkehren, dieses Mal in der Ferme Auberge Schiessroth (Tel. 0033/389776363).

Weiter oben, am Col du Schaeferthal, schaut man in den großartigen Talkessel des Frankenthal mit der Martinswand, einem imposan-

---

Hin & weg: Mittlach, im Ort rechts und noch 2 km bis zur Chapelle Saint-Antoine hinter dem Camping du Langenwasen. Vom Bahnhof Munster mit der Buslinie 217 bis Mittlach.

Beste Zeit: Mai–Oktober.

Dauer & Strecke: 6–7 Std. Gehzeit, 21 km, 1250 Hm.

Ausrüstung: Feste Wanderschuhe, Wetterkleidung, Proviant.

Starke Eindrücke auf einer langen Wanderung: Gleit-schirmflieger am Batteriekopf, das Gipfelhotel auf dem Hohneck, der verträumte Lac de Schiessrothried (links) und die Ferme Auberge Schiessroth (rechts).

ten Kletterfelsen. Nun ist es nicht mehr weit bis zum 1363 Meter hohen Hohneck, einem nach drei Seiten steil abfallenden Gipfel, der mit Autozufahrt, Berggasthaus und Orientie-rungstafel touristisch voll erschlossen ist.

Dann aber der Fernblickrausch einer sechs Kilometer langen Kammpassage! Über baum-lose Hochflächen wandert man an den Fels-zacken der Spitzköpfe vorbei zur weitläufi-gen Kuppe des Kastelberges. Statt diesen direkt zu überschreiten, kann man auch den Weg über die Auberge Breitzhousen (Tel. 0033/329632292) an der Route des Crêtes wählen. Die nahen Liftanlagen gehö-ren zum Skigebiet von La Bresse.

Zu einer letzten Einkehr verführt die Auberge Firstmiss (www.auberge-firstmiss.com), bevor es hinaufgeht zum Rainkopf. Mit einem lan-gen Abstieg über den Altenweiher schließt die abenteuerliche Tour ab.

Tipp: Übernachten könnte man im Refuge du Rainkopf des Vogesenclubs (Tel. 0033/ 389742525).

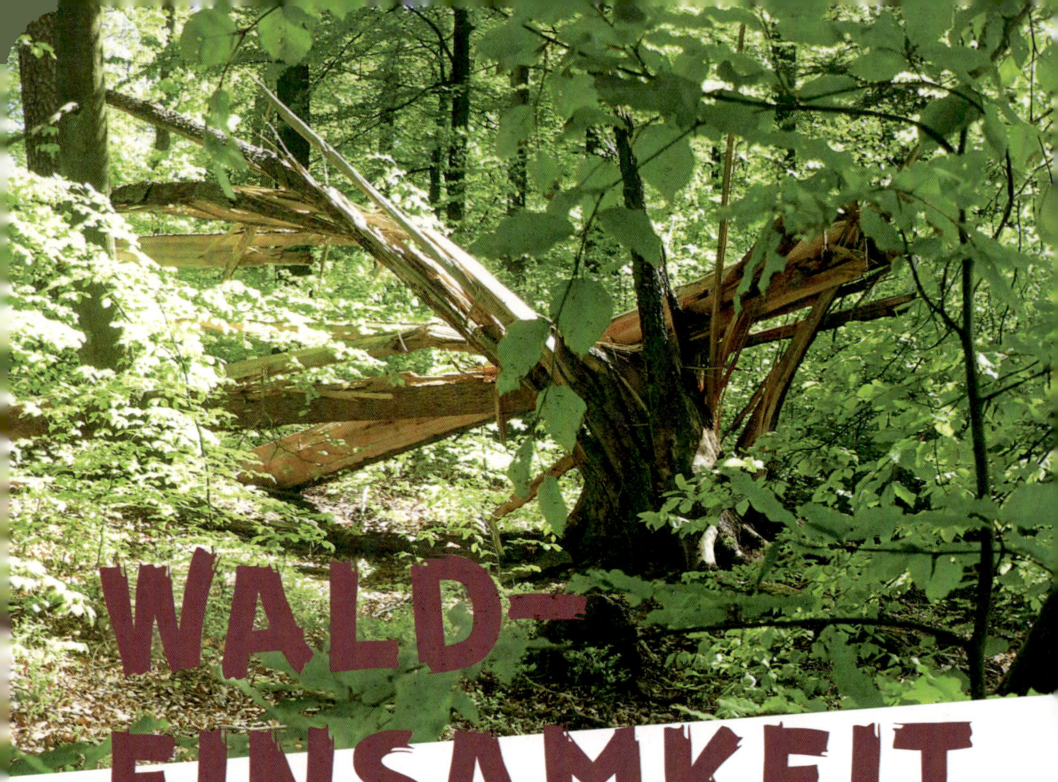

WALD-EINSAMKEIT

... um den Hanauer Weiher

#35

Nahe der Grenze zur Pfalz, im Dreieck zwischen Eguelshardt, Stürzelbronn und Philippsburg, liegt der Forst von Hanau, eine einzigartige und geheimnisvolle Landschaft. Trotz forstwirtschaftlicher Eingriffe hinterlässt sie in ihrer Weltferne den Eindruck großer Ursprünglichkeit.

#Hinterwäldler #Badefreuden #Weltferne #Froschkonzert

Die einzige belebtere Stelle des 130 Quadratkilometer großen Waldgebietes ist der bei Campern und Badegästen beliebte Hanauer Weiher oder Étang de Hanau. Dass man sich auf dem Weg dorthin voll auf das Wegweisersystem des Vogesenclubs verlassen kann, sollte eine Last von den Schultern all jener Wanderer nehmen, für die ein so abgelegenes Gelände ungewohnt ist. Bei der Anfahrt zur Chapelle Notre Dame de Bois allerdings ist

Konzentration auf die kleinen Straßenschilder gefordert – Menschen, die man um Rat fragen könnte, trifft man hier kaum.

Die Rundwanderung führt an einer Waldkapelle vorbei zum Erbsenweiher, einem jener verträumten Wooge, die für die Region so typisch sind. Dort nimmt man die Markierung Gelber Balken auf und läuft durch einen lichten Mischwald hinauf zum Erbsenfelsen. Das

Die wurde im 14. Jahrhundert von den Herren von Lichtenberg auf einem fast 200 Meter langen Felsen errichtet. Luftige, aber gut gesicherte Leitern winden sich hinauf zu einem Plateau mit dem Wahrzeichen der Ruine, einem 20 Meter hohen quadratischen Turm. Dass dieser nicht zu ersteigen ist, lässt sich leicht verkraften, ist der Blick doch auch so ergiebig genug: Unten der Hanauer Weiher, ringsherum die Kegelberge der Nordvogesen.

Am kleinen Weiler Waldeck findet ein entscheidender Wechsel der Landschaftsform statt; aus einer bergigen Waldtour wird nun eine Wiesen- und Talwanderung. Bald ist man am Westende des Hanauer Weihers angekommen. Der ist hier verlandet, sodass ein Torfmoor entstanden ist, in dem sich Amphibien und Insekten tummeln. An einer Infotafel ist ein Abstecher zum See ein Muss. Holzstege durch das Moor führen zum schilfgesäumten Ufer, an dem man sich im Frühsommer auf ein ohrenbetäubendes Froschkonzert einstellen kann.

wuchtige Massiv mit dem größten Felsloch der Nordvogesen wird mit etwas Abstand umkurvt und es geht auf einem Höhenweg weiter zur Burgruine Waldeck.

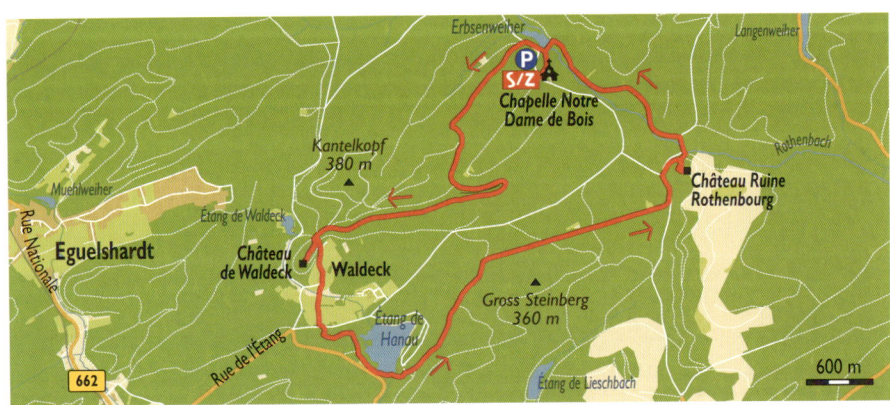

Weithin sichtbar ist der 20 Meter hohe Bergfried der Burgruine Waldeck (links). Ganz still liegt der Erbsenweiher mitten im Wald (Mitte). Entschieden belebter ist da der Hanauer Weiher (rechts).

Auf der Hauptroute kommt man dann zu dem von Menschen dominierten Teil des Weihers, mit einer Anlegestelle für Tretboote, einer Gaststätte und einem Hotel-Restaurant (www.hotel-beau-rivage-fr.com). Dort liegt auch ein hübscher Campingplatz, der mit seinem langem Sandstrand zu einem Bade-Intermezzo einlädt.

Mit der Markierung Blaue Raute schließt sich ein ausgedehnter Talauen-Streifzug an. Nach einer Dreiviertelstunde folgt man einer Forststraße nach links, geht an einer Gabelung rechts Richtung Stürzelbronn, macht als Burgensammler vielleicht noch einen schnellen Abstecher hinauf zur Ruine Rothenbourg, überquert anschließend den Rothenbach und kehrt dann durch ein wunderschönes Tal zum Erbsenweiher und der Kapelle zurück.

Hin & weg: Chapelle Notre Dame de Bois im Erbsenthal, von Stürzelbronn auf der D35 Richtung Bitsch, nach 5 km links ab auf Forststräßchen (kleines, grün umrandetes Schild »Chapelle N.D. de Bois«) und noch 6 km.

Beste Zeit: Ganzjährig.

Dauer & Strecke: 3–4 Std. Gehzeit, 12 km, 260 Hm.

Ausrüstung: Wanderschuhe, Regenschutz, Proviant, im Sommer Badesachen.

> **FAZIT: WEITER WEG VOM ALLTAGSRAUSCHEN KANN MAN KAUM SEIN — EINE WAHRE WALDEXPEDITION!**

DOWNHILL BIS ZUM ABWINKEN

⌇ ... im Bikepark Lac Blanc ⌇

#36

Ein echter Hotspot der Südvogesen ist der Lac Blanc. Hier herrscht fast das ganze Jahr über Saison: Kaum sind die Skiläufer verschwunden, kommen schon die Wanderer und kurz darauf die Mountainbiker – und das in hellen Scharen, denn der Bikepark Lac Blanc gilt als einer der attraktivsten nördlich der Alpen.

Einige Hundert Mountainbiker mögen es schon sein, die gleichzeitig im Bikepark unterwegs sind.

Downhill-Freaks finden an der Passhöhe Col du Calvaire oberhalb des Lac Blanc ein abwechslungsreiches Terrain. Sechs Strecken verschiedener Schwierigkeitsgrade – zwischen 1500 und 3000 Metern lang – führen von hier aus ins Tal. Ein schneller Sessellift bringt die Biker wieder nach oben zu der im zeitgenössischen Marketingsprech zu Lac Blanc 1200 umettikettierten Bergstation Montjoie.

Zum Aufwärmen eignen sich insbesondere die Trails La Smooth und La Easy mit leichten Spaß-Stunts und einem flotten Flow. Anspruchsvoller sind da schon La Fat mit vielen Sprüngen, Walls und Steilkurven und La Cool, eine weitgehend naturbelassene Strecke. Wesentlich schwieriger noch ist La Roots, ein mit vielen Gehwegen und Holzmodulen gewürzter Waldtrail. Die Krone aber gebührt La Nuts, ei-

ner schnellen und technisch anspruchsvollen Strecke mit wilden Kurven und einer Menge Wurzeln und Geröll; sie ist denn auch die Wettbewerbsstrecke des Coupe de France Lac Blanc.

Hin & weg: Parken am Col du Calvaire (1144 m) zwischen Munster und Fraize oder Lac Blanc 900 (in Le Bonhomme links ab). Busverkehr von Mitte Juli bis Mitte August (www.navettedescretes.com)

Beste Zeit: Mai-September (Lift nur in diesen Monaten von Freitag-Sonntag und an Feiertagen von 10-17 Uhr in Betrieb! Weitere Infos unter www.lacblanc-bikepark.com).

Dauer & Strecke: Durchaus ein ganzer Tag, Trails 1300-3000 m, Sessellift 290 Hm.

Ausrüstung: Ausleihe MTB in der Auberge du Blancrupt am Col du Calvaire (www.blancrupt.com) oder in der Auberge du Vallon an der Talstation (www.lac-blanc.com).

Nach einem langen Sporttag: Erstmal Pause, dann die abschließende Pflicht – für das Reinigen der Bikes ist alles da.

Falls es nach mehreren Stunden Downhill immer noch Adrenalinschübe braucht: Unmittelbar westlich der Talstation Lac Blanc 900 können sich auf der über 400 Meter langen Strecke Four Cross vier MTB-Fahrer gleichzeitig messen. Da gilt es, heil aus dem mit Kurven, Reifen und Sprüngen gespickten Kurs herauszukommen.

Zielgruppengerechtes Fastfood gibt es anschließend im Restaurant gleich an der Talstation. Dann noch das Bike an einer der dafür vorgesehenen Schlauchstationen säubern und rein in den privaten Bike-Bus, ins Wohnmobil auf dem Parkplatz unterhalb der Talstation oder zünftig ins Zelt auf dem Bikepark-Campingplatz. Wer eine feste Behausung vorzieht, kann in der Auberge du Blancrupt am Pass nächtigen.

Individualisten unter den Mountainbikern werden den Downhill-Park eher meiden und sich auf den 13 markierten MTB-Trails zwischen dem Lac Blanc und Kaysersberg müde machen. Familien wird es dagegen zu einem Abenteuerpark mit Hochseilgarten ziehen; der Parc d'Aventures liegt zwischen der Passhöhe Col du Calvaire und dem Lac Blanc an der Straße nach Orbey (www.lacblancparc daventures.com).

FAZIT: EIN ABENTEUERSPIELPLATZ SOWOHL FÜR GRUPPEN UND FAMILIEN ALS AUCH FÜR INDIVIDUALISTEN.

AB IN DIE VOLLEN!

>‹ ... bei einer Burgenrunde über Saverne ›‹

#37

Wo anfangen in Saverne? Gar nicht so einfach angesichts der vielen Ziele. Am besten packt man alles in eine Rundwanderung – den Ortsbummel, den Kanalspaziergang, vier Burgen, einen Aussichtsturm, ein historisches Telegraphentürmchen und eine Wallfahrtsgrotte mit Steingarten.

#Raufundrunter #Steingarten #Höhlenforscher #Aussichtpur

Spannende Kontraste:
das Château de Rohan
in Saverne und der
Steingarten an der Grot-
te Saint-Vit.

In Saverne, einer lebendigen Kleinstadt am Rande der Rheinebene, gehen die Nordvogesen in die deutlich größer dimensionierten Mittelvogesen über. Verglichen mit den Eintausendergipfeln weiter im Süden wirken die Anstiege dieser Wanderung dann auch eher wie Hügelbesteigungen. Dennoch: Etwas ins Schwitzen wird man auch hier geraten. Zweimal geht es steil hinauf, einmal rechts, einmal links des Zorntals. Recht gemütlich dagegen ist die abschließende Kammpassage über der Rheinebene.

Doch von vorne! Vom Château de Rohan schlendert man gemächlich durch die Innenstadt, wechselt auf die rechte Seite des Rhein-Marne-Kanals und läuft eine knappe Viertelstunde auf die Berge zu. Dann der erste Aufstieg, zur verwunschenen kleinen Burgruine Château de Greifenstein. Fast eben geht es weiter zur Grotte Saint-Vit, einer Höhle, die früher als »Irrenhaus« von Straßburg diente, heute aber für Pilger-Gottesdienste genutzt wird. Auf dem Felsplateau darüber stand einst eine Kapelle; sie wurde 1866 durch ein Feuer

Nicht weit voneinander entfernt liegen die Burgruine Grand-Geroldseck (links) und der Brotschturm (Mitte). Oben der Himmel, unten die Rheinebene – glänzende Aussichten auf dem Château du Haut-Barr (rechts).

zerstört. Daneben ist ein hübsch angelegter Steingarten zu bewundern.

Hinter dem Aussichtspunkt Rappenfels führt ein Serpentinenpfad hinab ins Tal der Zorn, wo man den Rhein-Marne-Kanal abermals überquert und dann den größten Anstieg der Tour in Angriff nimmt. Der verläuft auf einem jener Vogesenpfade, die man als Wanderer so schätzt – schmal, gewunden und auf federndem Waldboden. Gerade richtig für eine Rast kommt der Rocher Huck, ein nach einem Präsidenten des Vogesenclubs benannter Aussichtsfels. Der Aufstieg endet auf dem 530 Meter hohen Brotschberg mit dem Brotschturm.

Bis nach Saverne wandert man jetzt über einen steil zur Rheinebene hin abfallenden Bergrücken. Gleich drei Burgen reihen sich

hier aneinander, zwischendurch passiert man noch ein Kuriosum, La Tour Chappe, ein 1798 für die Telegraphenlinie Straßburg–Paris errichtetes Türmchen. Ist Petit-Geroldseck eher ein Bürgchen, zeigt sich Grand-Geroldseck mit seinem wuchtigen Bergfried doch schon etwas beeindruckender.

Aber was ist das alles gegen den Star der Zaberner Burgen, das Château du Haut-Barr? Die langgestreckte Anlage, gewagt auf drei kapitalen Buntsandsteinfelsen erbaut, beherbergt eine Kapelle und ein Restaurant (www.restaurant-lahaut.fr). Beim Blick von einer der Aussichtsplattformen das Straßburger Münster zu entdecken ist Ehrensache.

Tipp: Nach der Tour sollte man – frisch gewaschen und gekämmt – unbedingt das Château

de Rohan besuchen! Nicht nur des imposanten Bauwerkes wegen, sondern auch wegen des Stadtmuseums mit seiner archäologischen Sammlung, regionalen und zeitgenössischen Kunstwerken.

FAZIT: EINE SCHÖNE RUNDE FÜR ELSASS-BESUCHER, DIE MÖGLICHST VIEL AN EINEM TAG ERLEBEN MÖCHTEN.

Hin & weg: Saverne, Bahnhof oder Parkplatz am Château de Rohan.

Beste Zeit: Ganzjährig.

Dauer & Strecke: 4–5 Std. Gehzeit (mit allen Besichtigungen 1–2 Std. mehr), 16 km, 700 Hm.

Ausrüstung: Wanderschuhe, Regenschutz, Proviant.

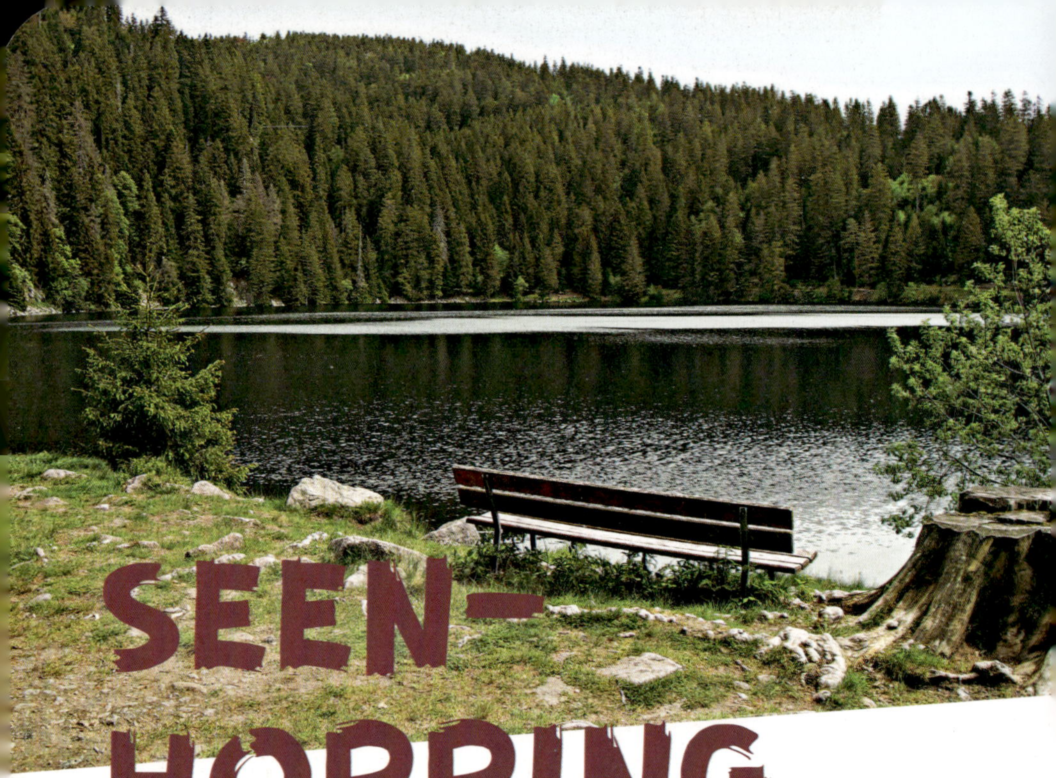

SEEN-HOPPING

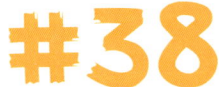

… an den Seen Lac Vert, Lac des Truites und Lac Noir

#38

Zu den stärksten Eindrücken der Südvogesen gehören die Bergseen in den Hochkaren. Diese Wanderung knöpft sich drei der bekanntesten vor. Auf die Idee, dass es hier schön sein könnte, kommen auch noch andere. Man wähle also Tag und Uhrzeit mit Bedacht!

#Seensehen #Forellen #Gletscherkar #Fernblick

Dunklen Nadelwäldern verdanken der Lac Vert und der Lac des Truites ihre Farbe.

Die meisten der 30 Vogesenseen sind natürlichen Ursprungs, wurden aber höher gestaut, um der Wasserversorgung der Kanäle, als Trinkwasserreservoir oder auch der Stromerzeugung zu dienen. Deshalb herrscht in der Regel Badeverbot – ein echter Wermutstropfen! So auch am ersten See dieser Tour, dem Lac Vert oder Lac de Soultzeren, von dem ein zünftiger Almpfad zur Ferme Auberge Gaertlesrain hinaufführt.

Wer gerne etwas abseits der üblichen Wege unterwegs ist, folgt nach einem weiteren kleinen Anstieg an einer steinernen Hütte dem Schild »Altenwasen-Crêtes«. Dann nämlich kann man, indem man kurz vor einer weiteren Hütte nach rechts abzweigt, auf einem wunderschönen, teilweise etwas sumpfigen Pfad ein einzigartiges Hochmoor durchqueren. Unter der felsigen Flanke des Gazon du Faite kommt man so hinunter zum höchstge-

Der Übergang vom Lac de Truites zum Lac Noir führt über »Hautes Chaumes« genannte Hochweiden.

legenen Bergsee der Vogesen, dem Lac des Truites oder Lac du Forlet.

Der Forellensee also, welch vielversprechender Name – allein, er geht auf ein Missverständnis zurück. Da haben die Behörden bei der Übertragung der Bezeichnung »Forlenweier« ins Französische geschludert: »Forle« ist nicht die Verkleinerungsform von Forelle, sondern von Föhre. Forellen sieht man trotzdem! Genau richtig für eine Rast kommt die über dem See gelegene Ferme Auberge du Lac du Forlet (Tel. 0033/389774922), denn jetzt folgt der schärfste Anstieg der Tour, ein alpiner Serpentinenpfad zum 1277 Meter hohen Altenkraehkopf.

Auf einem Wurzelpfad geht es dann steil hinab zum Lac Noir. Sein dunkles Wasser ist wegen der geschützten Lage meist still, die Umgebung eher nicht, da auf einem Bergsträßchen viele, manchmal zu viele Besucher hierheraufkommen. Entsprechend belebt kann auch die Auberge du Lac Noir (www.aubergedulac noir.com) am Ostufer des Sees sein.

Eine kraftsparende Lösung für den Rückweg: Links um den Altenkraehkopf herum, an der Ferme Altenkraeh vorbei zum Lac des Truites

---

Hin & weg: Lac Vert, mit »Le Tanet« beschilderte Abzweigung von der D417 zwischen Soultzeren und Col de la Schlucht.

Beste Zeit: Ganzjährig.

Dauer & Strecke: 3 Std. Gehzeit, 11 km, 600 Hm.

Ausrüstung: Wanderschuhe, Regenschutz, Proviant.

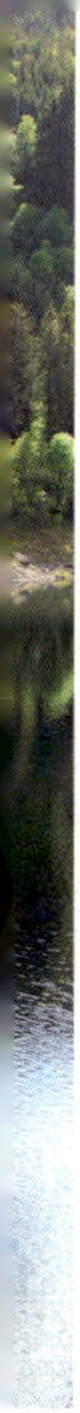

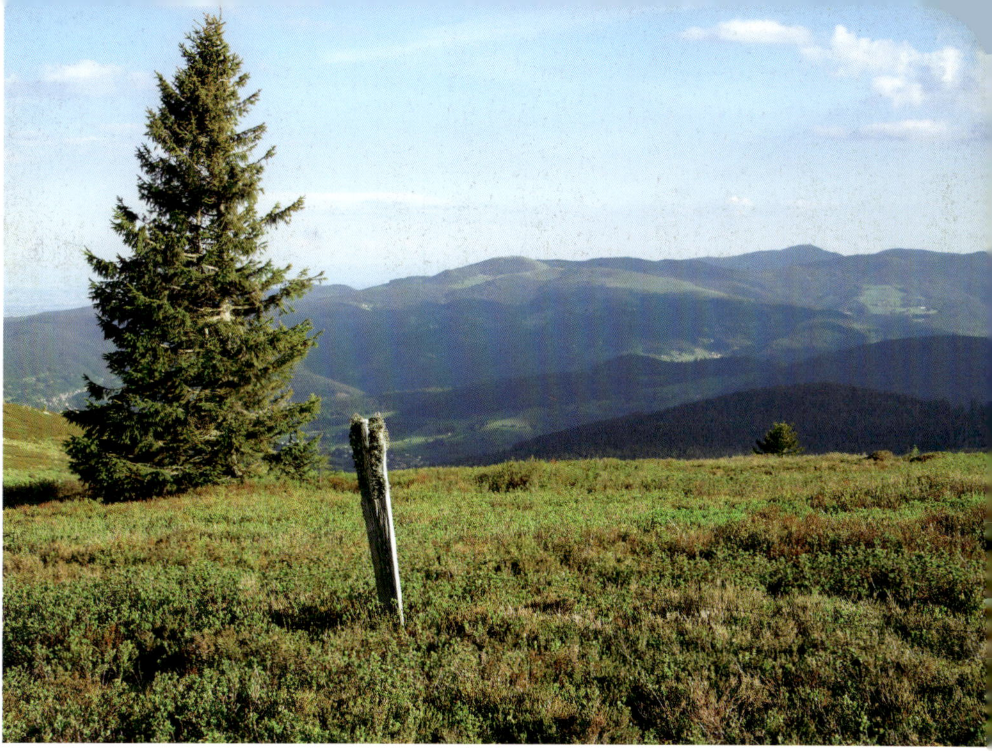

und abermals etwas links haltend um einen bewaldeten Buckel herum zur abschließenden Einkehr in der Ferme Auberge Gaertlesrain (Tel. 0033/389774477).

Zu Hause spielt man mit gutem Gewissen Münchhausen und protzt damit, stolze acht Seen an einem Tag abgeklappert zu haben: Lac Vert, Lac de Soultzeren, Lac Noir, Lac des Truites, Lac du Forlet, Forellensee, Forlenweier und Föhrlensee – der Namenswirrwarr um die Seen macht es möglich.

FAZIT: HÖCHST ABWECHSLUNGSREICH VON GLETSCHERSEE ZU GLETSCHERSEE – ODER MIT EINEM ANDEREN BLICKWINKEL: VON WIRTSHAUS ZU WIRTSHAUS.

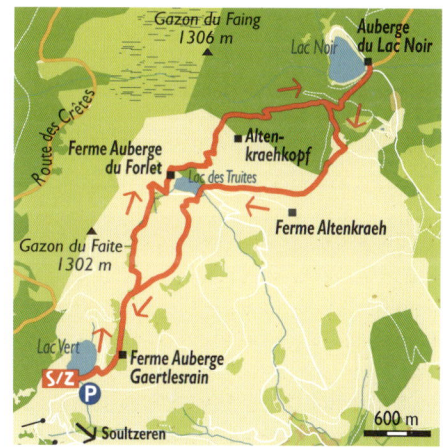

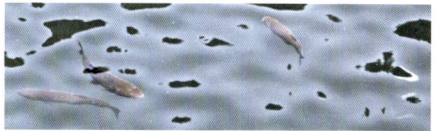

EIN HOCH AUF DIE SCHWER-KRAFT

>̇ ... vom Grand Ballon hinunter nach Guebwiller ‹̇

#39

Lieber bergauf oder bergab? Schweiß oder Knieschmerzen? Hier scheiden sich die Wandergeister. Am Grand Ballon, dem höchsten Vogesenberg, ist beides möglich, da man mit dem Auto fast bis zum Gipfel kommt. Warum sich nicht mal im etwas verpönten Nur-Bergab-Wandern versuchen?

#Knieschnackler #Alpenblick #Bergabwandern #BlaueTeufel

Knappe 100 Meter unterhalb des Gipfels passiert die Vogesen-Höhenstraße den Grand Ballon.

Doch zunächst einmal muss man hinaufkommen! Auf der Vogesenkammstraße Route des Crêtes verkehrt keine normale Buslinie, der Wanderbus Navette des Crêtes fährt nur während der Sommerferien. Außerhalb der Ferien leistet man sich ein Taxi oder lässt sich von willigen Helfern hochchauffieren – vielleicht schon am Vortag der Wanderung, denn an der Passhöhe Col du Grand Ballon kann man im Chalêt-Hôtel du Grand Ballon gut nächtigen (www.chalethotel-grandballon.com).

Eine Sache nicht nur der Ehre, von dort eine Viertelstunde aufzusteigen, um einmal auf dem 1424 Meter hohen Grand Ballon oder Großen Belchen gewesen zu sein. Leider haben

es die Menschen auch hier nicht geschafft, einen bedeutenden Gipfel in Ruhe zu lassen: Eine Radarstation muss es dann schon sein, auch ein Kriegerdenkmal darf nicht fehlen – eine weithin sichtbare Steinsäule zu Ehren der Blauen Teufel, der französischen Gebirgsjäger.

Dem Fernblick kann das nichts anhaben: die Täler von Thann, Guebwiller und Munster, die Rheinebene, der Schwarzwald, das lothringische Hügelland, im Süden der Jura. Bei Föhnwetter rücken die Alpen so nah, dass man sogar Eiger, Mönch und Jungfrau sieht.

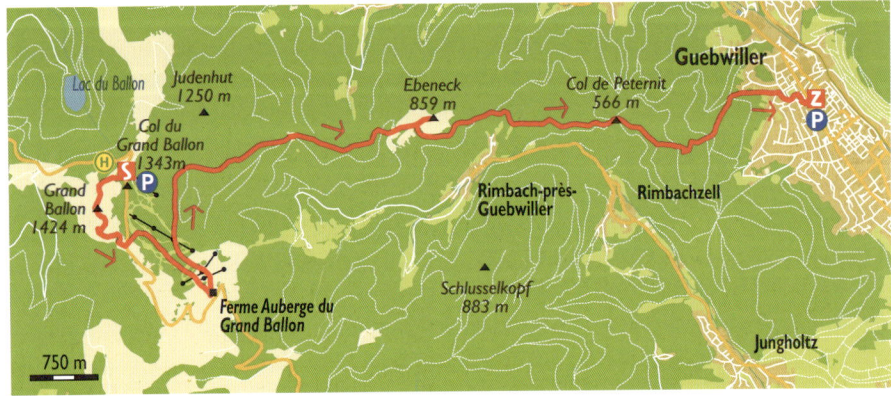

Kalt kann es werden beim Sonnenuntergang an der Radarstation auf dem Grand Ballon – auch im Hochsommer (links). Im Parc de la Marseillaise in Guebwiller spendet ein Mammutbaum Schatten (rechts).

Wanderstöcke, leichtes Gepäck, viel Zeit und Vertrauen in die Schwerkraft sind die Rezepte, um die 1200 Höhenmeter Abstieg zu verkraften. Vom Gipfel läuft man zunächst in südöstlicher Richtung zur Ferme Auberge du Grand Ballon hinunter (www.ferme-auberge-grand-ballon.fr), die sich wie der Berg selbst streng und wuchtig präsentiert.

Scharf linkshaltend geht es über eine Skipiste zum Waldrand und quer durch die Ostflanke des Grand Ballon. Dann ist Waldeinsamkeit das Motto – bis zur Wegspinne Judenhut, wo man sich Schutzhütte, Brunnen und Picknicktische mit vielen anderen Wanderern teilt. Nun gilt die Konzentration der Route: Nach einer Viertelstunde wechselt man zur Markierung Blaues Dreieck und kommt so zum Aussichtspunkt Rocher St. Pirmin. Etwa zehn Minuten später führt rechts ein leicht zu übersehender Pfad zu einem Wiesengipfelchen, dem 859 Meter hohen Ebeneck. Ein überaus lohnender Abstecher mit Blick in die Rheinebene und zum Grand Ballon!

Weiter geht es zur Schutzhütte Abri du Munsteraeckerle. Dort hält man sich rechts, passiert den Geisskopf südlich und kommt so zur Wegspinne Col de Peternit. Noch eine Dreiviertelstunde auf gewundenen Forstwegen und Wanderwegen und man ist im hübschen Städtchen Guebwiller angekommen, wo man seine Knieschmerzen mit elsässischer Küche therapiert.

FAZIT: DER HÖCHSTE VOGESENGIPFEL EINMAL ANDERS – VON OBEN NACH UNTEN.

Hin & weg: Col du Grand Ballon (1343 m) an der Route des Crêtes. Dorthin von Munster, Cernay oder Col de la Schlucht. Busverkehr von Mitte Juli bis Mitte August (www.navettedescretes.com). Ziel ist Guebwiller, Parkplatz am Monument aux Morts in der Rue Théodore Eck.

Beste Zeit: Mai–Oktober.

Dauer & Strecke: 4–5 Std. Gehzeit, 14 km, 210 Hm Aufstieg, 1240 Hm Abstieg.

Ausrüstung: Wanderschuhe, Wanderstöcke, Regenschutz, Proviant.

VON GRAFEN UND ZWERGEN

 ... bei Ferrette im Elsässischen Jura

Zwischen Mulhouse am Südrand der Vogesen und der Schweizer Grenze – im Schatten der großen Attraktionen um Straßburg und Colmar – erstreckt sich der Sundgau. An seinem Südrand liegt der Elsässische Jura, ein Zipfel des französisch-schweizerischen Mittelgebirges, das so ganz anders ist als die Vogesen.

#Sundgau #ElsaessischerJura #Ferrette #Hohenpfirt

Am Fuß der Juraberge liegen die Burg Hohenpfirt (links) und die Kirche Saint-Bernard-de-Menthon (rechts).

AUSFLÜGE...

Das hier von den Älteren noch gesprochene Elsässisch klingt ein wenig schweizerisch, die Gebäude wirken etwas strenger, Böden und Felsen bestehen aus Jura-Kalkgestein und nicht wie sonst im Elsass aus Buntsandstein, Gneis oder Granit.

Ein geeigneter Ausgangspunkt zum Erkunden des Elsässischen Jura ist das hübsche Bergdörfchen Ferrette zu Füßen der Burg Hohenpfirt, dem Sitz der ehemals mächtigen Grafen von Pfirt. Da sie verwandtschaftlich mit den Grimaldis verbandelt waren, trägt der Fürst von Monaco heute noch den Titel Graf von Ferrette.

Größere Anstiege gibt es bei dieser Rundwanderung nicht – Ferrette liegt schon über 500 Meter hoch. Am Parkplatz wendet man sich nach rechts in die Rue Léon Lehmann, von der ein Wanderweg auf den 675 Meter hohen Rossberg abzweigt. Dort bietet ein stählernes Ungetüm von Aussichtsturm genau das Panorama, welches man sich im Dreiländereck erhofft – mit der Rheinebene, dem Schwarzwald, dem schweizerischen und fran-

169

Hinter dicken Mauern residierten die Grafen von Pfirt (links), in einem Felsspalt die Zwerge einer skurrilen Sage. Von der Burgruine Hohenpfirt schaut man über den Sundgau bis zu den Südvogesen (rechts).

zösischen Jura und den Vogesen. Westwärts reicht der Blick bis zur burgundischen Pforte, wo die Siedlungsgebiete der Alemannen und der Burgunder aneinanderstießen.

Auf dem Höhenzug läuft man nun für eine Viertelstunde weiter Richtung Westen, dann macht der Weg einen Linksschwenk und der Wald geht bald in eine Bauernlandschaft über, durch die der Weitwanderweg Sentier des Trois führt.

Das letzte Wegdrittel verläuft wieder im Wald und reiht Höhepunkt an Höhepunkt. Den Beginn macht die Grotte des Nains, die Zwergengrotte. In einem kleinen Felsspalt sollen einst ewig junge Zwerge gehaust haben, die den Bauern der Gegend bei der harten Feldarbeit zur Hand gingen. Soweit eine ausnehmend sympathische Legende. Weniger erfreulich

das Ende: Eines Tages entdeckte man, dass die Zwerge Ziegenfüße hatten. Seitdem wurden sie nie mehr gesehen.

Dann aber weiter zu den Aussichtspunkten Heidenfluh und Loechlenfelsen, hinab in eine Senke und wieder hinauf zu der auch als Château de Ferrette bezeichneten Burg Hohenpfirt. Von ihrem einstigem Glanz zeugen heute nur noch Ruinen, die aber sind durchaus sehenswert. Von der jüngeren Unterburg

Hin & weg: Ferrette, Parkplatz an der Kirche Saint-Bernard de Menthon. Buslinie 851 ab Bahnhof Mulhouse.

Beste Zeit: Ganzjährig.

Dauer & Strecke: 3 Std. Gehzeit, 9,2 km, 370 Hm.

Ausrüstung: Wanderschuhe, Regenschutz, Proviant.

führt eine für Pferde und Gespanne in den Fels gehauene Auffahrt zur Oberburg aus dem 12. Jahrhundert. Beim Abstieg nach Ferrette kann man sich in einer Lourdesgrotte noch bequem seiner Sünden entledigen – freie Fahrt für neuerliche Fehltritte!

FAZIT: SCHNUPPERTOUR IM ELSÄSSI-SCHEN JURA – EIN ABWECHSLUNGS-REICHES KONTRASTPROGRAMM ZU DEN KLASSISCHEN ZIELEN WEITER IM NORDEN.

AM KURZEN SEIL

 ... auf dem Spitzköpfe-Grat

#41

*Eine Gratkletterei im Granit, über fast
200 Höhenmeter? Im Elsass? Doch, das
geht! Unweit des Hohneck zieht sich eine
vielzackige Felsrippe hinauf zum Vogesenhauptkamm, die genau das bietet. Für
geübte Kletterer eine Genusstour, für Ge-
legenheitskletterer eine Herausforderung.*

#kraxeln #klettern #Steig #Seilsicherung

Neben diesem Felszacken beginnt die technisch nicht schwierige, aber doch ernsthafte Kletterei.

Wie sich in den Hochvogesen die Grenzen zwischen Mittelgebirge und alpiner Landschaft verschieben, wird nirgendwo so deutlich wie am Spitzköpfe-Grat. Wer sich dorthin wagt, muss wissen, dass er es nicht mehr mit normalem Wandergelände zu tun hat – hier sind Trittsicherheit, Schwindelfreiheit und etwas Klettererfahrung gefordert. Verlassen kann man sich auf feste, meist etwas abgerundete Griffe und Tritte. Dennoch sollte man den Grat nicht bei Nässe begehen.

Jeder kann sich hier die Route aussuchen, die am besten zu seinen Fähigkeiten passt. Wer durchgehend auf der Gratschneide bleibt, muss sich auf teilweise ausgesetzte Kletter-

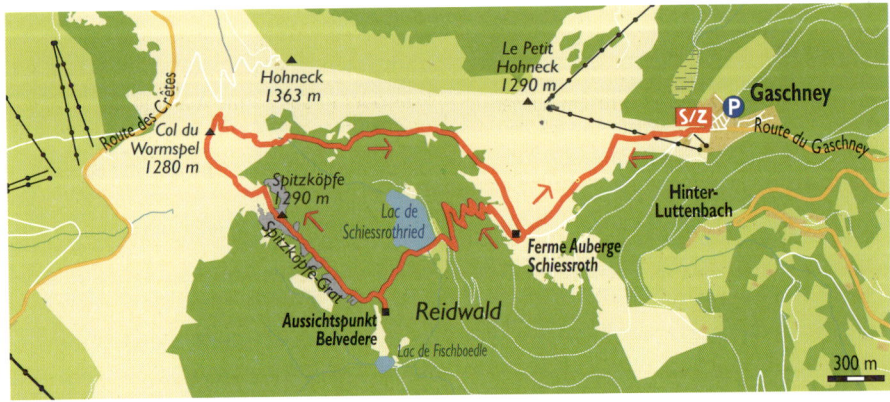

Kletter- und Gehpassagen wechseln sich auf dem Spitzköpfe-Grat ab (links/Mitte). Lückenlos ist die Beschilderung beim Aufstieg zum Grat und auf dem Rückweg am Col du Wormspel (rechts).

passagen bis zum dritten Schwierigkeitsgrad einstellen. Die anspruchsvollsten Stellen, drei Felstürme, können auf einem fußbreiten Steig umgangen werden. Dessen Markierung, der blaue Punkt, ist allerdings sehr lückenhaft.

Meist kann am kurzen Seil gesichert werden. Am besten klettert man in einer Zweier-Seilschaft gleichzeitig mit geringem Seilabstand. An heikleren Stellen nimmt man sich die Zeit, um solide abzusichern. Und natürlich vergisst man nicht, zwischendurch die großartige Aussicht zu genießen!

Viele Zugänge führen zum Einstieg, vom Col du Wormspel südlich des Hohneck etwa, von der Ferme Auberge Kastelberg oder vom Talort Mittlach. Landschaftlich besonders lohnend ist der Zustieg von der kleinen Skistation Gaschney. Schon dort hat man einen wunderbaren Blick zu den höchsten Vogesengipfeln. Am Hang des Petit Hohneck quert man zur Ferme Auberge Schiessroth (Tel. 0033/389776363) und studiert erst einmal den Felsenkessel zwischen dem Hohneck und den Spitzköpfen.

Dann geht es hinunter zum Lac de Schiessrothried. Jenseits seiner Staumauer hält man sich rechts und zweigt kurz darauf links ab, um in einem urzeitlichen Wald zum Aussichtspunkt Belvedere zu gelangen. Eine schwach ausgeprägte Pfadspur führt nun zu einer fast senkrechten Felswand am Fuß des Spitzköpfe-Grates. Diese kann man rechts umgehen und durch einen sehr steilen Hang zu einer Scharte aufsteigen, an der die eigentliche Kletterei beginnt.

Nach einer knappen Stunde auf dem Felsgrat klettert man hinter dem höchsten Gratzacken

noch etwas weiter oder steigt links des Grates auf einem alpinen Steig zum Hauptkamm hinauf, wo man sich nordwärts zum Sattel Col du Wormspel wendet. Auf dem Rückweg muss man nicht noch einmal ganz zum Lac de Schiessrothried absteigen, sondern kann an der Waldgrenze einen alpinen Steig nehmen, der quer durch die Südflanke des Hohneck zur Ferme Auberge Schiessroth hinüberführt. Hier oder in der Ferme Auberge du Gaschney (Tel. 0033/389776373) wird man den Kraxeltag noch einmal Revue passieren lassen.

Hin & weg: Parkplatz Gaschney (1011 m, auf der D10 von Munster Richtung Metzeral, beschilderte Abzweigung in Muhlbach-sur-Munster). Vom Bahnhof Munster mit der Buslinie 217 bis Muhlbach-sur-Munster und noch 6,5 km Fußweg.

Beste Zeit: Juni–Oktober.

Dauer & Strecke: 3–4 Std. Gehzeit (davon über 1 Std. Gratkraxelei), 9,5 km, 650 Hm.

Ausrüstung: Klettergurt, Seil und Bandschlingen, dazu Bergschuhe, Regenschutz und Proviant.

FAZIT: EIN ECHT ALPINES ABENTEUER IM VOGESENHAUPTKAMM. PRICKELND, AUSSICHTSREICH UND KULINARISCH ABGERUNDET.

SCHNELL WIE DER WIND

⋝ ... beim Skilanglauf auf der Route des Crêtes ⋜

#42

Skilanglaufgebiete findet man üblicherwei-se in Hochtälern oder auf Hochplateaus. Anders in den Südvogesen: Dort liegen die Loipen ganz weit oben. Grund ist neben der Schneesicherheit die Höhenstraße Route des Crêtes, die im Winter gesperrt und zur Loipe umfunktioniert wird.

#Loipe #SkideFond #Vogesenkammstraße #Horizont

Auch bei strahlend blauem Himmel fegen manchmal eisige Stürme über die Vogesenwasen.

Die berühmte Vogesenkammstraße gilt zu Recht als eine der schönsten Höhenstraßen Europas. Vom Col du Bonhomme im Norden bis nach Cernay im Süden durchquert sie auf einer Länge von 77 Kilometern den Naturpark Ballons des Vosges. Da sie vom französischen Militär während des Ersten Weltkriegs zur Versorgung der Armee erbaut wurde und die Grenze zu Deutschland damals auf der Kammlinie lag, verläuft sie meist westlich der Gipfel.

Heute ist die Route des Crêtes eine friedliche Touristenstrecke. Im Sommer tummeln sich hier Radler, Motorradfahrer, Gleitschirmflieger und Wanderer, im Winter Skifahrer, Snow-boarder, Schneeschuhgänger und Skilangläufer. Für Letztere ist der Col de la Schlucht eine der ersten Adressen. Südlich dieser Passhöhe findet man rund um die Ferme Auberge des Trois Fours mehrere Rundloipen, nordwärts die Streckenloipe auf der Route des Crêtes.

Die führt leicht ansteigend über 7,5 Kilometer zu der auch im Winter geöffneten Ferme Auberge Gazon du Faing (Tel. 0033/329634244) und noch einmal 7 Kilometer weiter zum Col du Calvaire. Wer nicht nur des Skilanglaufs wegen hierherkommt, sondern die urwüchsige Landschaft des Vogesenhauptkamms voll aus-

kosten möchte, steigt von der Ferme Auberge in einer Viertelstunde noch auf den 1306 Meter hohen Gazon du Faing – und staunt: Nach Osten hin fällt das Gelände über Schneewechten steil zum Lac des Truites ab, weit unten liegt die Rheinebene im Winterdunst, dahinter ragen die Berge des Südschwarzwalds empor.

Abenteurernaturen sei bei guten Schneeverhältnissen diese besonders aussichtsreiche Variante empfohlen: Man folgt der Route des Crêtes noch 2,5 Kilometer, steigt dann befreit von den Zwängen einer Loipe rechts hinauf und nimmt für den Rückweg den exponierten Kamm, der sich über den Gazon du Faing und die Zwischengipfel Soultzeren Eck und Gazon du Faite zum felsigen Aufschwung des Tanet zieht. Tipp: Für die Waldpassagen Schneeschuhe mitnehmen!

Kurz hinter dem Tanet, am Croix Marchal, fährt man zur Loipe ab. Das Kreuz wurde zum Gedenken an zwei Kinder errichtet, die im Jahr 1844 hier erfroren. Auch heute noch kann es verdammt stürmisch und kalt werden dort oben. Dann gilt es rechtzeitig umzudrehen oder die Flucht zur Ferme Auberge Gazon du Faing anzutreten, um sich mit deftiger Kost

Hin & weg: Parkplatz Col de la Schlucht (1139 m), Passhöhe zwischen Munster und Gerardmer.

Beste Zeit: Januar–März.

Dauer & Strecke: Je nach Tempo 2–5 Std.; zur Auberge Gazon Du Faing und zurück 15 km, 150 Hm (Loipe); Kammroute über Gazon du Faing und Le Tanet 22 km, 440 Hm (teilweise ohne Loipe).

Ausrüstung: Langlaufausrüstung (Ausleihe bei La Godille Sports in Munster, www.lagodillesports.fr), guter Kälteschutz, heißer Tee, Energieriegel.

Einziger Stützpunkt am Col-de-la-Schlucht-Teil der Traumloipe ist die Ferme Auberge Gazon du Faing.

das Warten auf besseres Wetter zu verkürzen. Doch sind es nicht gerade die rauen Stunden, die in der Erinnerung haften bleiben?

Unterkunft für Schneetage auf der Route des Crêtes findet man unter anderem im Hotel du Chalet (www.hotel-du-chalet.com) am Col de la Schlucht, in der Ferme Auberge des Trois Fours (www.auberge-des-trois-fours.com), im Refuge des Trois Fours des Französischen Alpenclubs (Tel. 0033/389773259) oder in den Talgemeinden.

> **FAZIT: IN DIESER LANDSCHAFT MIT IHREN WEITEN HORIZONTEN LAUFEN DIE LANGLAUFSKI FAST VON SELBST — AUßER BEI WIRKLICH GARSTIGEM WETTER.**

3. KAPITEL
MINIURLAUB

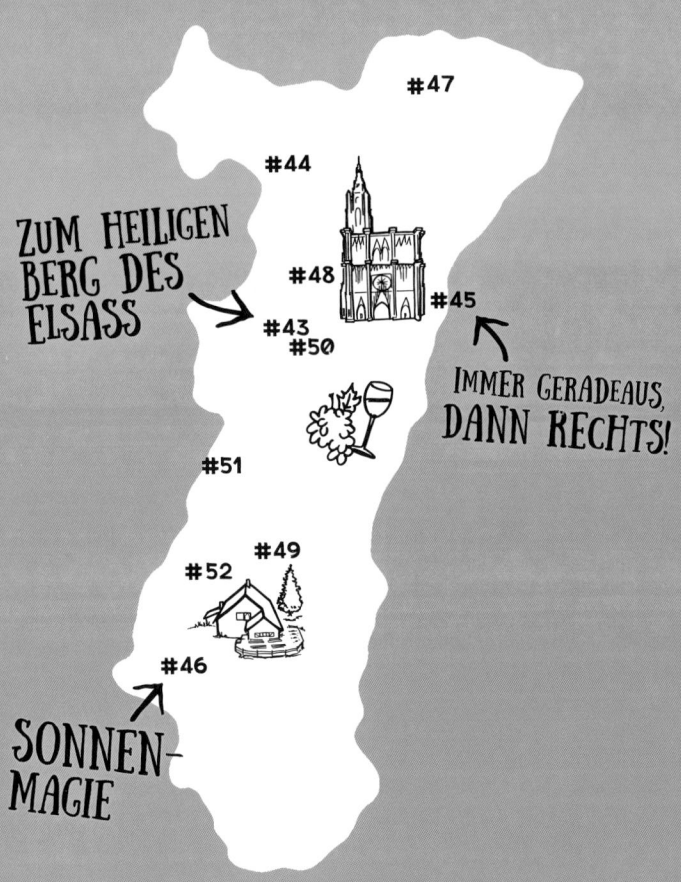

#47

#44

ZUM HEILIGEN
BERG DES
ELSASS

#48

#45

#43
#50

IMMER GERADEAUS,
DANN RECHTS!

#51

#49

#52

#46

SONNEN-
MAGIE

Ferien für ein Wochenende

Erlebnisreiche Tage und Nächte in der Ebene und in den Bergen. Auf Hütten und Fermes Auberges, im Hotel oder im Zelt. Zu Fuß oder mit dem Rad.

36H

EPOCHEN-STREIFZUG

... auf dem Mont Sainte-Odile

#43

Was tun, wenn ein reizvolles Ziel oft überlaufen ist? Man meidet die Stoßzeiten, geht also am frühen Morgen, am späten Nachmittag oder gar in der Nacht hin. Am Odilienberg, dem heiligen Berg des Elsass, geht das ganz einfach, da man im Kloster auf dem Gipfel gut nächtigen kann.

#Klosterhotel #Ringwall #rätselhaft #heiligerBerg

→ MINIURLAUB ...

Fast zehn Kilometer lang ist der Ringwall, der das Gipfelplateau des Odilienberges umschließt.

Der 763 Meter hohe Odilienberg ist ein Berg-stock der Superlative. Schon von Weitem sieht man seinen langgestreckten Rücken über den bekannten Weinorten Obernai, Ottrott und Barr aufragen. Obenauf thront das um das Jahr 700 von der heiligen Odilia, der Schutz-patronin des Elsass, gegründete Kloster Mont Sainte-Odile, welches Wallfahrer, Autoberg-steiger, Radfahrer (Eskapade #50), Wanderer und Fernblicksüchtige gleichermaßen anzieht.

Verstreut im ganzen Massiv finden sich sechs mittelalterliche Burgruinen, drei große Felsen, mehrere Premium-Aussichtspunkte, dazu Ka-pellen und Grotten – und die Absturzstelle ei-nes Airbus; 87 Menschen kamen bei dem Un-glück unweit des Klosters 1992 ums Leben. Prähistorische Magie kommt durch die Mur Païen ins Spiel, ein Ringwall, der das ausge-dehnte Bergplateau auf einer Länge von zehn Kilometern umschließt.

Keine Menschenseele im Innenhof des Klosters Mont-Sainte-Odile – Ausnahmezustand!

Für eine Spritztour ist der Odilienberg natürlich viel zu schade. Die tiefsten Eindrücke wird man mitnehmen, wenn man den Berg komplett überschreitet, auf eher kurzen Tagesetappen mit viel Zeit zum Staunen und Genießen. Man beginnt im Norden und steigt aus den Weinlagen von Ottrott hinauf zu den Burgruinen Rathsamhausen und Lutzelbourg, den Châteaux d'Ottrott. Hinter dem Aussichtspunkt Kiosque de l'Elsberg sollte man sich unbedingt der Wegvariante Blaues X anvertrauen, einem Traumpfad entlang klobiger Felsen.

Dann geht es mit der Markierung Gelbes X hinüber auf die Westseite des Berges, um auf dem Sentier du Mur Païen an der Heidenmauer entlang zum Kloster zu wandern. Römer und Franken haben den vermutlich von den Kelten errichteten Ringwall mehrfach restauriert und ergänzt, sodass sich der ursprünglich vier bis fünf Meter hohe und etwa zwei Meter starke Steinwall in gutem Zustand präsentiert. Auch wenn Ursprung und Zweck der Heidenmauer im Dunkeln liegen: Man glaubt

---

Hin & weg: Ottrott, Wanderparkplatz in der Rue du Mont Ste-Odile am nördlichen Ortsrand. Vom Bahnhof Obernai mit den Buslinien 257 oder 262.

Beste Zeit: April–Oktober.

Dauer & Strecke: 2 Tage, 5–6 Std. Gehzeit, 18 km (je 9 km pro Tag), 670 Hm.

Ausrüstung: Wanderschuhe, Regenschutz, Proviant und alles, was man für eine Halbpension-Übernachtung braucht.

Wenn es Nacht wird: Kloster Mont Sainte-Odile (www.mont-sainte-odile.fr).

Auf dem Sentier du Mur Païen passiert man mächtige Buntsandsteinfelsen.

nur zu gerne, hier an einer der bedeutendsten frühgeschichtlichen Wehranlagen Mitteleuropas entlangzustreifen.

Dann das Kloster Mont Sainte-Odile: ein touristischer Hotspot mit Busparkplätzen, Restaurants, Klosterhotel und der obligatorischen Souvenir-Boutique. Abends aber wird es still hier und man kann sich auf eine außergewöhnliche Nacht einstellen – geisterhaft, wenn die Nonnen schon vor der Dämmerung ihre ersten Gebete und Gesänge anstimmen.

Anderntags gibt wieder der Sentier du Mur Païen die Richtung vor: Auf dem Weg um den Berg La Bloss, die mit 826 Metern höchste Erhebung des Massivs, passiert man zwei Kapellen, die Grotte des Druides und drei Felsen, unter denen der Maennelstein herausragt. Kurz hinter ihm verlässt man den Sentier du Mur Païen und läuft rechtshaltend hinab nach Saint-Nabor und über Wiesen zurück nach Ottrott.

FAZIT: EIN WOCHENENDE MIT HÖHEPUNKTEN IM STAKKATO UND EINER EXQUISITEN ÜBERNACHTUNG.

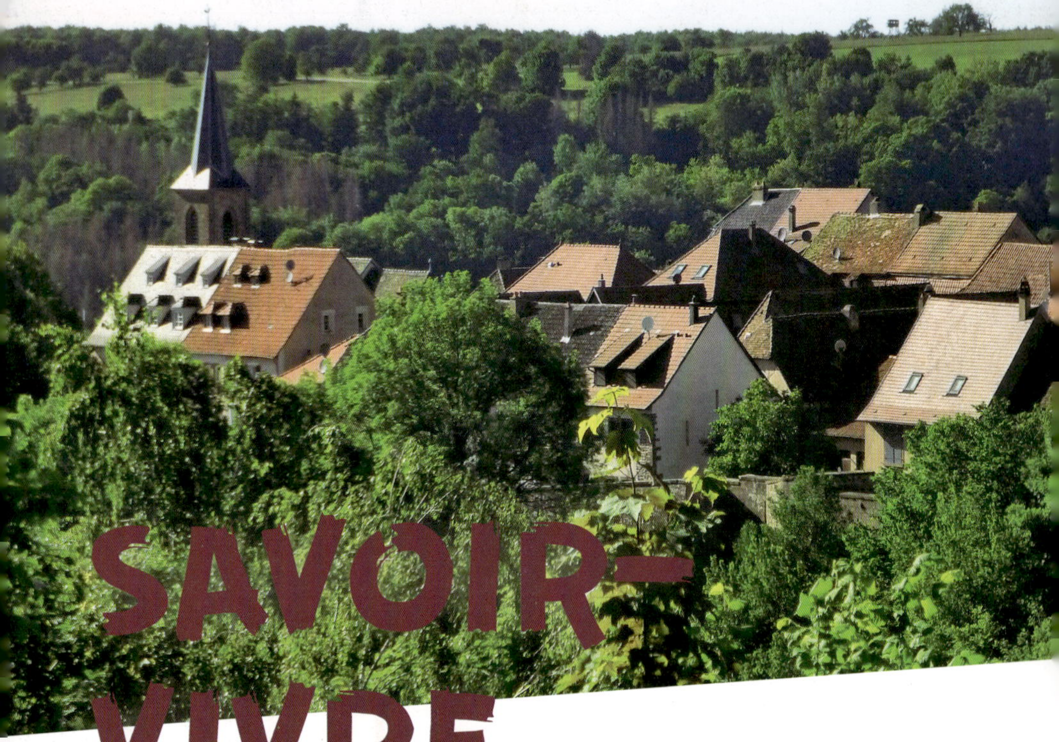

SAVOIR-VIVRE

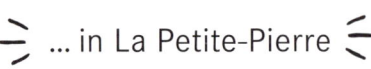

… in La Petite-Pierre

#44

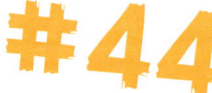

Am Wochenende einfach mal irgendwo hinfahren? Ohne festen Plan, erholungsbedürftig, aber doch irgendwie unternehmungslustig? Schmausen, Kunst, Wandern, Ortsbummel? Dann ist La Petite-Pierre genau das Richtige, ein verträumtes Höhendorf inmitten prächtiger Wälder.

#KrummesElsass #Ruhe #Jazz #Charme #Springerle

Statt mit Sensationen glänzt La Petite-Pierre mit Atmosphäre und einer gepflegten Gastronomie.

HOTEL

13

La Petite-Pierre gehört zu L'Alsace Bossue, dem »Krummen Elsass«, einer etwas abgelegenen Region zwischen der französischen Saar und den Nordvogesen. Der elsässische Name des Ortes, Lützelstein, geht auf die gleichnamige Burg zurück, die im »Staedtel«, dem Oberdorf, an der Spitze eines exponierten Bergsporns liegt. Als einzige Burg im Elsass wurde sie niemals zerstört. Im 12. Jahrhundert erbaut, zeigt sie heute dank der

Modernisierung unter dem Festungsbaumeister Vauban Ende des 17. Jahrhunderts eher das Gesicht eines Schlosses.

Der Burghof ist alljährlich Schauplatz des international besetzten Jazzfestivals Au Grès du Jazz. Drinnen kann man Ausstellungen zeitgenössischer Künstler und das Infozentrum des Parc Naturel Vosges du Nord besuchen (www. parc-vosges-nord.fr), welcher zusammen mit

dem Pfälzerwald ein grenzüberschreitendes UNESCO-Biosphärenreservat bildet. Beim Bummel durchs Staedtel kommt man auch am kleinen Musée des Arts et Traditions Populaires vorbei, kurz: dem Museum Springerle. Hier wird elsässische Kulturgeschichte anhand eines »Springerle« genannten Eischnee-Gebäcks mit Anis lebendig (www.musee-sceau.com).

Jenen Wochenend-Eskapisten, die vor dem Ausspannen in einem gepflegten Hotel und einem mehrgängigen Abendmenü erst einmal etwas körperliche Anspannung schätzen, sei folgende Tour empfohlen: Start in Wingen-sur-Moder – vielleicht besucht man dort noch das sehr lohnende Kristallmuseum Musée Lalique (www.lalique.com) – und mit dem Wegzeichen Rote Raute auf dem Wanderweg Tres Tabernae in knapp drei Stunden an Zittersheim vor-

bei hinauf nach La Petite-Pierre. Anderntags ostwärts in die Rue du Langenrein und mit der Markierung Roter Balken auf dem Weitwanderweg GR 53, dann mit Rot-Weiß-Rot

Hin & weg: La Petite-Pierre, Parkplatz an der Tourist Information in der Altstadt. Oder Wingen-sur-Moder, Bahnhof.

Beste Zeit: Ganzjährig.

Dauer & Strecke: 2 Tage, Tag 1: 3 Std. Gehzeit, 10 km, 230 Hm, Tag 2: 6 Std. Gehzeit, 22 km, 450 Hm.

Ausrüstung: Wanderschuhe, Regenschutz und alles für eine Übernachtung.

Wenn es Nacht wird: Einfach in der Gite d'Étape Communal (Tel. 0033/388014700), gepflegt im Hotel Aux Trois Roses (www.aux-trois-roses.com), im Hotel des Vosges (www.hotel-des-vosges.com) oder etwas außerhalb in der Auberge d'Imsthal (www.petite-pierre.com).

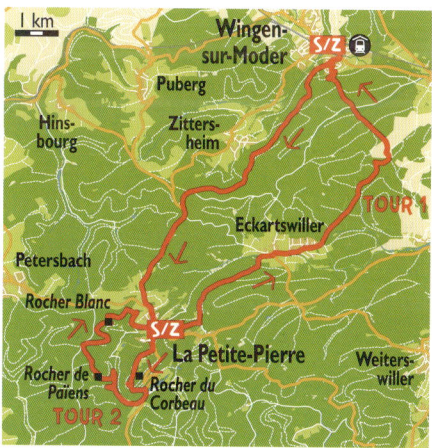

Eher ein Schloss denn eine Burg: das Château de La Petite-Pierre, die Burg Lützelstein (rechts). Das »Staedtel«, das autofreie Oberdorf vom La Petite-Pierre, ist ein prima Fleck zum Entschleunigen (links).

nach Wingen. Eine Waldwanderung in völliger Abgeschiedenheit – ein probates Mittel gegen Reizüberflutung.

Auch für jene Besucher, die direkt nach La Petite-Pierre hochfahren, um gleich Quartier zu nehmen, gehört vielleicht noch eine schöne Waldrunde zum perfekten Wochenend-Erlebnis dazu. Da ist der Sentier des Trois Rochers erste Wahl, der Drei-Felsen-Weg, die klassische Tour bei La Petite-Pierre. Der dreistündige, wenig anstrengende Weg wird am besten im Uhrzeigersinn gegangen. Man

beginnt im Staedtel an der Tourist Information, folgt vertrauensvoll dem roten Rechteck und findet am Ende mit traumwandlerischer Sicherheit in eines der gemütlichen Lokale des Höhendorfes.

FAZIT: WOCHENEND-TRIP FÜR ERHOLUNGSBEDÜRFTIGE GROßSTÄDTER MIT ÜBERNACHTUNG IN EINEM CHARMANTEN HÖHENDORF.

ZEN–
MEDITATION

⤑ ... auf einer Radtour von Straßburg nach Colmar ⤐

#45

Autofreies Wochenende? So könnte es
gehen: Nach einem kurzen Streifzug durch
die Altstadt von Straßburg gibt man sich
am herrlich eintönigen Rhein-Rhône-Kanal
ganz dem Hier und Jetzt hin, durchquert
auf dem Colmar-Kanal-Radweg die Rheinebene und trödelt dann im bezaubernden
Colmar herum.

Immer am Wasser entlang! Am Flüsschen Ill in Straßburg, dann am Rhein-Rhône-Kanal und auf den letzten 20 Kilometern am Colmar-Kanal (rechts).

Nicht nur in der Zen-Philosophie gilt der Weg mehr als das Ziel. Da passt der Radweg entlang des Rhein-Rhône-Kanals ideal. Auf einer Strecke von 50 Kilometern macht er nur dreimal einen Knick, dann geht es jeweils schnurgerade weiter. So ergibt sich ohne weiteres Zutun ein Meditationstag auf zwei Rädern. Dass am Ende mit Colmar doch ein attraktives Ziel steht, wird man mit der Zen-gemäßen Gelassenheit verschmerzen. Auf Asphalt oder wassergebundener Decke trudelt man immer am Kanal entlang durch das Grand Ried. Ein Radweg in voller Konsequenz: Keine Ortsdurchquerungen, kein Autoverkehr, nur einmal muss eine Landstraße überquert werden.

Die Route erfordert zu Beginn noch Konzentration, wenn man den Schildern Richtung Illkirch-Graff folgt. Dann aber ergibt sich der

Weg von selbst und die Aufmerksamkeit gilt dem Tuckern eines Kanalboots, dem Flügelschlag eines Schwans, dem Geruch von Bärlauch und Apfelblüten. Dann und wann ein Blick über die Dörfer und Maisfelder zur immer wieder beeindruckenden Silhouette der

Hin & weg: Start ist der Bahnhof in Straßburg, Ziel ist der Bahnhof von Colmar.

Beste Zeit: April–Oktober.

Dauer & Strecke: 2–3 Tage, 5–6 Std. reine Fahrzeit, 75 km.

Ausrüstung: Tourenrad oder E-Bike, Regenschutz, Radlerproviant und alles für die Übernachtung(en).

Wenn es Nacht wird: Hotel Les Loges du Ried (www.logesduried.com) in Marckolsheim und Hotel de l'Illwald (www.illwald.fr) zwischen Marckolsheim und Sélestat, viele Unterkünfte in Colmar.

Hochvogesen – oder zu den alten, zu Hausbooten umgebauten Kähnen am Ufer.

Schier endlos erscheinen die schattigen Platanenalleen hinter Straßburg. Für den Rhythmus sorgen Schleusen mit den Häuschen der Schleusenwärter, die teils zu Verpflegungsstationen umfunktioniert wurden. Falls diese geschlossen sind, kann man zu einem der Dörfer im Hinterland abbiegen, um einzukehren.

Zur Langsamkeit auf dieser Tour passt die Geschichte des Rhein-Rhône-Kanals. Schon 1784 wurde mit dem Bau begonnen, der Betrieb aber erst 1833 aufgenommen. Durch den Bau des Rhein-Seitenkanals verlor er im 20. Jahrhundert seine wirtschaftliche Bedeutung. Deshalb ist heute entlang der Radstrecke nur noch der Abschnitt zwischen Straßburg und Rhinau schiffbar.

Wesentlich jünger ist der Colmar-Kanal, der 1864 eröffnet wurde. Auf seinem Treidelpfad verläuft das letzte Drittel der Strecke. Er ist sehr beliebt bei Hausboot-Urlaubern und auch bei Ruderern, Kanuten und Kajakfahrern, da er auf der 24 Kilometer langen Strecke zwischen dem Rhein und dem Hafen von Colmar nur durch drei Schleusen unterbrochen wird.

In Colmar kommt die Zen-Meditation nach einer kurzen Passage entlang der Ill zu ihrem Ende. Jetzt ist lebendiges Treiben angesagt in der pittoresken Altstadt mit ihren Kneipen, Museen und Menschen, Menschen, Menschen.

FAZIT: EINE VÖLLIG ENTSPANNTE VERBINDUNG ZWISCHEN ZWEI BELEBTEN ELSÄSSISCHEN STÄDTEN, WOHLTUEND MONOTON UND REIZARM.

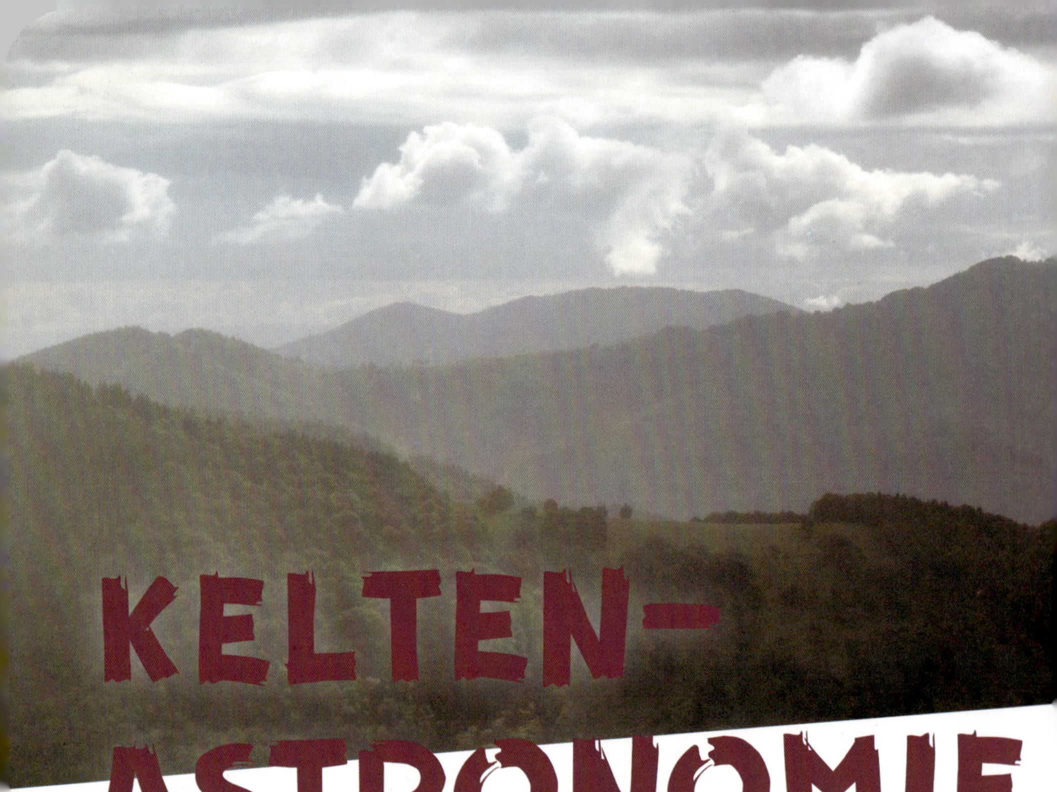

KELTEN-ASTRONOMIE

… auf dem Ballon d'Alsace

#46

Wenn ein Berg einen wohlklingenden Namen hat, seine Umgebung überragt und Fernblick bis zum Mont Blanc bietet, horchen Wanderfreunde auf. Kommt dann noch ein Schuss Magie hinzu, ist klar: Da muss man hin!

#TourdeFrance #Sonnenwende #Kelten #Fernblick

Vom Ballon d'Alsace blickt man hinunter zum Ausgangspunkt Sewen mit dem gleichnamigen See.

Fünf Berge im Umkreis von 60 Kilometern um Mulhouse, die im Französischen Ballon, im Deutschen Belchen genannt werden, verdanken dem keltischen Sonnengott Belenus ihren Namen. Sie sind miteinander verbunden durch ein Sonnen-Orientierungssystem, dessen wichtigster Punkt der 1247 Meter hohe Ballon d'Alsace ist. Die hier lebenden Kelten nutzten ihn, um die wichtigsten Tage des Sonnenjahres zu bestimmen.

Genau in östlicher Richtung von ihm nämlich liegt der Schwarzwälder Belchen, über dem zum Zeitpunkt der Tag-und-Nacht-Gleiche, also am Frühlings- und am Herbstanfang, die Sonne aufgeht. Über dem Petit Ballon, dem »Kahlen Wasen«, geht die Sonne genau zur Sommersonnenwende auf, über dem Schweizer Belchen im Jura genau zur Wintersonnenwende. Ausgerechnet der höchste der Belchen, der Grand Ballon, schert etwas aus, hat er doch nur den 1. Mai zu bieten.

Genug der Astronomie, nun lasst uns Taten sehen! Eine Wochenendtour mit Übernachtung in Gipfelnähe ist die dem Ballon d'Alsace

Ein wasserreiches Gebiet! Hier regnen sich die Atlantikwolken ab, das Wasser strebt dem Rhein oder der Rhone entgegen.

angemessene Idee. Startpunkt für den Anstieg durch die Ostflanke des Massivs ist das kleine Dörfchen Sewen im Talschluss des Dollertals. Der Lac de Sewen und die Wasserfälle Cascades du Seebach sind die Zwischenstationen auf dem Weg zum tiefgrünen Lac d'Alfeld, wo man noch einen kurzen Abstecher zur Auberge du Barrage Lac d'Alfeld (Tel. 0033/389745926) machen kann. Dann kommt der anstrengende Teil des Aufstieges, ein stellenweise sehr steiler Pfad über die Schahlinghütte, ein Blockhaus mit schönem Fernblick, zum 1103 Meter hohen Tête du Moinechamp.

Hier beginnt ein Höhenweg mit einigen Aussichtspunkten, der über den Ronde Tête geradewegs zum baumfreien Gipfel des Ballon d'Alsace führt. Dort steht man genau auf der großen mitteleuropäischen Wasserscheide zwischen Nordsee und Mittelmeer. Bei guter Sicht reicht der Blick nach Süden über den Jura hinweg zu den Schweizer Alpen, sogar der Mont Blanc ist manchmal zu sehen. Nur

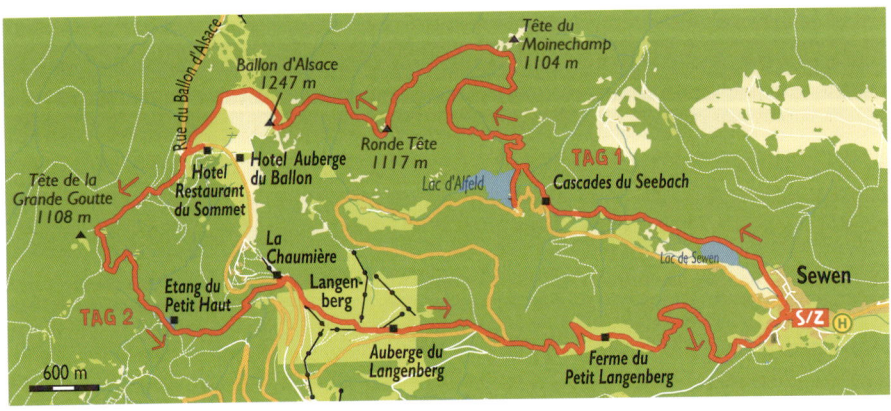

In Sewen beginnt die Passstraße zum Col du Ballon d'Alsace, wo auch heute noch die traditionelle Almwirtschaft betrieben wird.

ein Viertelstündchen ist es jetzt noch zum Col du Ballon d'Alsace, über den 1905 zum ersten Mal eine Bergetappe der Tour de France gefahren wurde. Unterkunft findet man im Hotel Restaurant du Sommet oder in der Auberge du Ballon, beide an der Straße Richtung Sewen.

Hin & weg: Sewen, Parkplatz in der Grand Rue an der Abzweigung der Rue de l'École. Vom Bahnhof Mulhouse mit der Buslinie 652.

Beste Zeit: Mai–Oktober.

Dauer & Strecke: 2 Tage, 6–7 Std. Gehzeit, 22,5 km, 1010 Hm.

Ausrüstung: Wanderschuhe, Regenschutz, Proviant und alles für eine Übernachtung.

Wenn es Nacht wird: Hotel Restaurant du Sommet (www.hotelrestaurantdusommet.com) oder Auberge du Ballon (Tel. 0033/384239721).

Der nächste Tag beginnt mit einem waldigen Kammweg zum letzten Gipfel der Zweitagestour, der Tête de la Grande Goutte. Steil geht es dann hinunter zum Bergsee Étang du Petit Haut und noch einmal hinauf zum Restaurant La Chaumière an der Passstraße (www.auberge-lachaumiere.fr). Mit dem Skigebiet Ballon d'Alsace zur Linken wandert man nun über La Gentiane zum Berggasthof Auberge Langenberg (www.langenberg.fr). Zeit für ein stärkendes Mahl, denn auf dem Weg über die Hochweide Petit Langenberg nach Sewen gibt es keine Einkehr mehr!

FAZIT: EINER DER MUSS-MAN-GEMACHT-HABEN-GIPFEL DER VOGESEN – NICHT NUR DER HÖHE WEGEN!

AUF SAMT-WEICHEN PFADEN

 ... auf Zelttrekking in den Nordvogesen

Was für Korsika der GR20, ist für das Elsass der GR53. Der Weitwanderweg schlängelt sich durch die Vogesen, von Wissembourg an der Grenze zur Pfalz bis Giromagny nahe der Burgundischen Pforte. Ein gefundenes Fressen für Zeltwanderer mit dem Motto »Umsonst und Draußen«.

#GR53 #GrandeRandonnee #Zeltnacht #Wildschweine #Stille

Durch urwüchsige Wälder führt diese Wanderung auf dem GR53 von Niederbronn zum Englischberg.

Sentiers de Grande Randonnée, so nennen die Franzosen ihre Weitwanderwege. Der in den Vogesen ist gewiss einer der spektakulärsten. An die 20 Tage Zeit braucht man, um ihn ganz zu gehen. Wer hat die schon? Also geht man ihn peu à peu, vielleicht sogar verteilt über mehrere Jahre. Es sei denn, man heißt Stéphane Brogniart, wohnt im Elsass und ist Ultra-Trailläufer – der spulte auf dem GR eine Strecke von 217 Kilometern in 31 Stunden ab.

In den Nordvogesen zeigt sich, dass der Vogesenclub die Route mit Bedacht zusammengestellt hat. Wo immer möglich, hat man Pfaden mit federndem Waldboden den Vorzug gegeben vor Forstwegen und Sträßchen. Auf diesem Teilstück des GR53 lernt man alles kennen, was die Nordvogesen ausmacht: märchenhafte Wälder, freundliche Wiesentäler, verträumte Dörfer, Sandsteinfelsen, Burgen und ... Stille. Wenn die Jahreszeit passt,

hört man Hirsche röhren, nachts bekommt man vielleicht Besuch von Wildschweinen.

Wer am Nachmittag in Niederbronn-les-Bains startet, setzt sich am besten das knapp zehn Kilometer entfernte Château du Grand Arns- bourg als Tagesziel. Den ersten Zwischen- stopp wird man an der eindrucksvollen Wa- senburg machen. Nebenan auf dem Wachtfels stand zu gallo-römischer Zeit ein Mercurius- Tempel, der im 19. Jahrhundert teilweise wie- deraufgerichtet wurde.

An den Mauern der Wasenburg sieht man deutlich die zum Hochhieven der Buckelquader benötigten Zangenlöcher (links). Zu Füßen des mächtigen Château du Lichtenberg liegt das verträumte Höhendorf Lichtenberg (Mitte).

Mit 522 Metern ist das Wasenköpfel zwar der höchste Punkt der Trekkingtour, die Aussicht vom altehrwürdigen Aussichtsturm ist jedoch wegen hoher Bäume bescheiden. Am Château du Grand Arnsbourg, einer leider nicht mehr zu besteigenden Felsenburg, findet man ein geeignetes Plätzchen für das Zelt.

Knapp 18 Kilometer lang ist die zweite Tagesetappe mit dem Höhepunkt Château de Lichtenberg, das weithin sichtbar über dem Bergdörfchen Lichtenberg thront. Wie so oft im Elsass kann man auch hier Vauban, dem Festungsbaumeister Ludwigs XIV., nicht entrinnen. Unter seiner Leitung wurde die Burg aus dem 13. Jahrhundert von einer Adelsresidenz zu einer Festung umgebaut und diente danach als Garnison. Im Inneren der aufwendig restaurierten Anlage gibt es ein Fossilienmuseum, Videopräsentationen und Kunstausstellungen.

Direkt hinter Wimmenau im Tal der Moder verlässt man den GR53 nach links und steigt auf den Englischberg. Sein Gipfel gibt einen hervorragenden Übernachtungsplatz ab. Er ist zwar nur 383 Meter hoch, die gefühlte Höhe ist allerdings wesentlich höher, da der Blick weit über die Rheinebene und die Nordvogesen schweift.

Anderntags läuft man in eineinhalb Stunden nach Wingen-sur-Moder, wo stündlich ein Zug hält. Wer mag, hängt noch eine Nacht auf dem Camping Municipal an und besucht in Ruhe das sehr lohnende Kristallmuseum Musée Lalique (www.lalique.com).

FAZIT: HIER DROHT SUCHTGEFAHR! WER EINMAL AM GR53 GESCHNUPPERT HAT, WIRD SO SCHNELL NICHT MEHR VON IHM LASSEN WOLLEN.

Hin & weg: Start am Bahnhof in Niederbronn-les-Bains, Ziel ist der Bahnhof in Wingen-sur-Moder an der Bahnlinie Saarbrücken–Straßburg.

Beste Zeit: Mai–September.

Dauer & Strecke: 2–3 Tage, 9–10 Std. Gehzeit, 32,5 km, 1010 Hm.

Ausrüstung: Wanderschuhe, wetterfeste Kleidung, Proviant für zwei Tage, Wanderkarte 1:50 000, Zelt, Schlafsack, Isomatte.

Wenn es Nacht wird: Biwak, wo immer es passt, zum Beispiel an der Grand Arnsbourg und auf dem Englischberg.

DIE QUAL DER WAHL

... auf E-Bike-Tour an der Elsässer Weinstraße

#48

Von Marlenheim im Norden bis Thann im Süden schlängelt sich die Elsässer Weinstraße, die Route des Vins d'Alsace, durch die Rebenhänge und Winzerdörfer am Fuß der Vogesen. Für Radfahrer gibt es die parallel dazu verlaufende Véloroute du Vignoble.

#Genussspur #Sichtreibenlassen #Radelspaß

Zu vielen schmucken Winzerdörfern wie Andlau (links) führt die Véloroute du Vignoble direkt, nach Kaysersberg (rechts) macht man einen kleinen Abstecher.

Nach dem Vorbild der schon 1935 eröffneten Deutschen Weinstraße in der Pfalz wurde 1953 – als erste Touristenstraße Frankreichs – die 170 Kilometer lange Elsässer Weinstraße eingerichtet. Die Radroute dazu verläuft außerhalb der Ortschaften überwiegend auf Weinbergwegen, hin und wieder auch auf einer stillgelegten Bahntrasse. Als verlässliche Orientierungshilfe dient ein grün-weißes Logo. In den Weinbergen gibt es einige Anstiege, ein E-Bike ist deshalb für viele Radurlauber erste Wahl.

Da der Genuss im südlichen Teil zwischen Colmar und Thann etwas durch die Verkehrsgeräusche einer Autobahn getrübt wird, sei hier die nördliche Hälfte empfohlen. Und zwar so, dass man mit dem Gesicht zur Sonne von Molsheim nach Turckheim radelt.

Macht man daraus nun eine Weinexpedition, hangelt sich nach dem Radeln von Weinprobe zu Weinprobe, begutachtet zwischendurch die Auslagen der Winzer und setzt abends in einer gemütlichen Winstub noch eins drauf?

Oder berauscht man sich doch lieber an den farbenfrohen Dörfern, den engen Gässchen, den Fachwerk- und Patrizierhäusern mit ihrem Blumenschmuck und ihren eigenwilligen Dekorationen?

Behält man eher das große Ganze im Auge, erfreut sich an den eleganten Linien der Weinberge und des Vogesenhorizonts und der ebenso eleganten Lage der Winzerdörfer? Oder sucht man vor allem den Kontakt zu den Einheimischen, plaudert hier mit einem Weinbauern, dort mit einer Bäckersfrau, und versucht dabei den tiefen Geheimnissen der elsässischen Sprache auf den Grund zu gehen?

Besinnt man sich darauf, dass sich das teure E-Bike ja schließlich rentieren muss, und nutzt deshalb jede Gelegenheit zu einem bergigen

Abstecher, zur Hohkönigsburg, zum Odilienberg, zur Höhensiedlung Les Trois-Épis? Oder beschränkt man das Radfahren aufs Nötigste, stopft sich dafür aber die Satteltaschen mit Leckereien voll – mit Macarons, Quiche, Con-

---

Hin & weg: Start am Bahnhof Molsheim, Ziel ist der Bahnhof in Turckheim.

Beste Zeit: April–Juni, September–Oktober (schön, aber sehr belebt).

Dauer & Strecke: 2 Tage, 5 Std. reine Fahrzeit, 75 km (etwa 35 km täglich).

Ausrüstung: E-Bike oder Tourenrad und das, was man für Übernachtungen in gepflegten Hotels braucht.

Wenn es Nacht wird: Hotel Arnold (www.hotel-arnold.com) und Hotel Kieffer (www.hotel-kieffer.com) in Itterswiller, Le Verger des Châteaux (www.verger-des-chateaux.fr) in Dieffenthal.

Lukullus und Bacchus führen Regie bei der Radtour durch die elsässischen Weinorte.

fiture, Fleischschnacka, Pistazienwurst, Guglhupf – und besucht zwischendurch noch ein Lebkuchenmuseum (www.paindepices-lips.com), ein Museum dekorativer Künste (www.musee-foliemarco.com) und ein Schnapsbrennereimuseum (www.distilleriemeyer.fr)?

Vielleicht wählt man auch einen salomonischen Weg und folgt dem Motto »weniger ist mehr«. Dafür schwört man sich aber, noch mindestens hundertmal wiederzukommen, um die Elsässer Weinstraße mit Zeit und Muße auszukosten.

FAZIT: EINE WOCHENEND-ESKAPADE, DIE AUCH FÜR EINE GANZE WOCHE GENUG AN EINDRÜCKEN UND ERLEBNISSEN HERGEBEN WÜRDE.

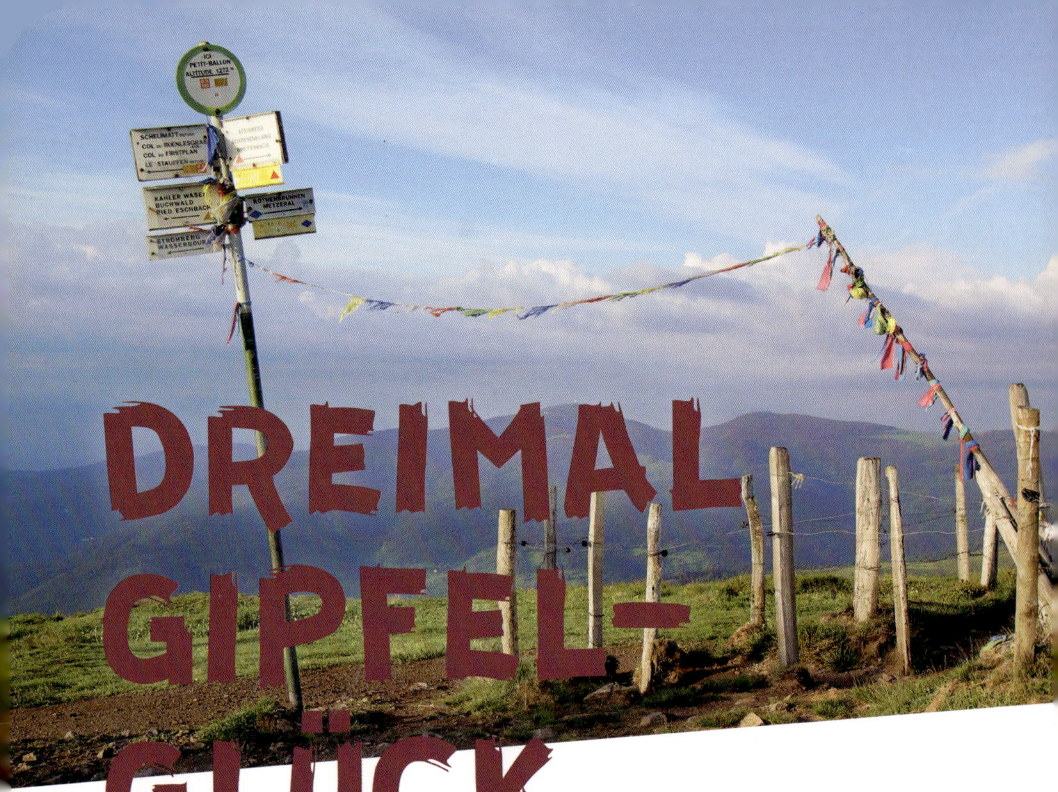

DREIMAL GIPFEL-GLÜCK

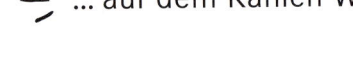

... auf dem Kahlen Wasen

#49

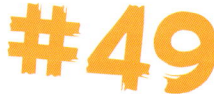

Südlich des Munstertals ragt aus einem Seitenstrang des Vogesenhauptkammes der Kahle Wasen oder Petit Ballon heraus. An seinem Nordhang liegt mit der Ferme Auberge du Kahlenwasen der ideale Stützpunkt, um Zeit auf einem der großen elsässischen Aussichtsberge zu verbringen.

#Melkermahlzeit #Munsterkäse #Schwarzwaldblick #Sonnenuntergang

In der Abendsonne ent-
wickeln die Hochwiesen
am Kahlen Wasen einen
ganz eigenen Zauber.

→ MINIURLAUB…

Ein Wochenende auf dem Petit Ballon ist ein sinnenfrohes Wechselspiel zwischen bergsteigerischer Disziplin – die braucht man für den Aufstieg über mehr als 700 Höhenmeter – und ungehemmter Gaumenfreude: Ein ganzes Dutzend Fermes Auberges gibt es auf den Hochweiden rund um den 1272 Meter hohen Gipfel. Im Rückblick mag man es eine glückliche Fügung nennen, dass die kargen Erträge der Almwirtschaft die Bergbauern der Südvogesen dazu nötigten, ihre abgelegenen

Höfe zu Auberges auszubauen und sich auch als Gastwirte zu betätigen. Die meisten dieser Berggasthöfe sind seit mehreren Generationen im Familienbesitz und werden deshalb mit dem Herzblut betrieben, das man als Gast so sehr schätzt.

In Wasserbourg, einem verträumten Dörfchen in einem Seitental des Munstertals, beginnt der nicht allzu steile Aufstieg. An der Mairie findet man einen Wegweiser Richtung Schlossmatt,

Die Ferme Auberge du Kahlenwasen ist der bevorzugte Übernachtungsplatz in Gipfelnähe (Mitte). Aus der Ferne sieht man besonders gut, woher die Bezeichnung des Petit Ballon als Kahler Wasen rührt (rechts).

einer ersten baumfreien Anhöhe. Auf dem Weg zur Auberge du Ried darf man sich entscheiden: Will man den Aufstieg in einem Rutsch durchziehen oder ergibt man sich schon jetzt den Verlockungen der Fermes Auberges?

Im letzteren Falle kehrt man – mit einem kurzen Abstecher – schon nach einer Aufstiegsstunde erstmals ein, in der Auberge du Ried (www.aubergeduried.fr), läuft dann auf einem Waldsaumweg zur Ferme Auberge Buchwald (Tel. 0033/389773708), genießt dort Kaffee, Kuchen und den Blick ins Münstertal und bummelt weiter zur Ferme Auberge Strohberg (www.ferme-auberge-strohberg.com).

Wer wegen eines vollen Magens schwächelt, bezieht zunächst sein Nachtquartier in der Ferme Auberge du Kahlenwasen. Gipfelsüch-

tige müssen sofort hinauf auf den Kahlen Wasen – und haben die spätabendliche Wiederholungstat bereits im Hinterkopf.

In der Ferme Auberge dann die größte Herausforderung der Tour: der Repas Marcaire, eine traditionelle Melkermahlzeit mit Suppe, einer Fleischpastete und Roïgabrageldi, ei-

Hin & weg: Wasserbourg, Parkplatz vor dem Rathaus.

Beste Zeit: Mai–Oktober.

Dauer & Strecke: 2 Tage, 6–7 Std. Gehzeit, 18 km, 1040 Hm.

Ausrüstung: Wanderschuhe, Regenschutz und alles für eine zünftige Übernachtung.

Wenn es Nacht wird: Ferme Auberge du Kahlenwasen (Tel. 0033/389773249).

nem Kartoffelkuchen mit Räucherfleisch und kraftvoll-würzigem Munsterkäse. Was könnte hoch über dem Munstertal besser passen? Hut ab vor Eskapisten, die sich nach dem Dessert noch zwanzig Minuten quälen, um den Sonnenuntergang auf dem Gipfel zu erleben!

Anderntags geht es dann zum ersten, zweiten oder dritten Mal hinauf auf den Petit Ballon. Für den Abstieg nimmt man seine Südflanke, stromert mit Blick zum Grand Ballon über die Alpwiesen, steigt dann mit der Markierung Gelber Balken hinunter zur Auberge

Boenlesgrab (www.auberge-boenlesgrab.fr), gönnt sich dort ein zweites Frühstück und stolpert in einer Dreiviertelstunde hinunter nach Wasserbourg.

FAZIT: EIN EXQUISITES FERNBLICK-WOCHENENDE, GESPICKT MIT KULINARISCHEN HERAUSFORDERUNGEN.

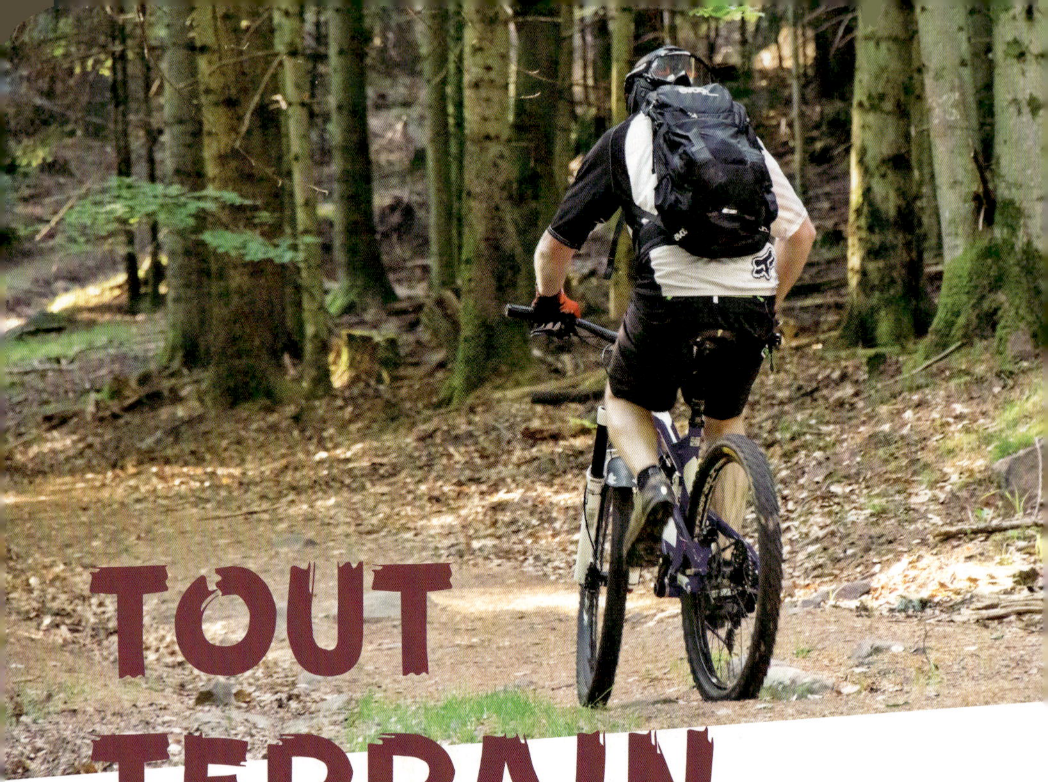

TOUT TERRAIN

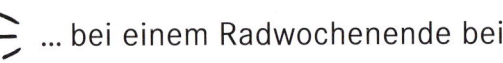

… bei einem Radwochenende bei Obernai

#50

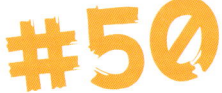

Welcher ambitionierte Radler würde beim Anblick der Vogesenberge nicht ein Kribbeln in den Beinen verspüren? Und das zu Recht – kaum ein Mittelgebirge hat so viele herausfordernde Pfade und Pässe zu bieten. Also auf zu knackigen Mountainbike- und Straßentouren!

#TMV #VeloToutTerrain #Mountainbike #Weinberge

Viele Mountainbiker
und Straßenradler
wissen die Touren rings
um den Odilienberg zu
schätzen.

Egal ob auf Straßen oder Waldwegen – das Hinterland von Obernai, einem der schönsten Orte an der Elsässer Weinstraße, ist bestens dazu geeignet, das Elsass aus der Perspektive des sportlichen Radfahrers kennenzulernen. Man nimmt Quartier in Ottrott, Klingenthal oder Grendelbruch und kann bei den Touren aus dem Vollen schöpfen.

Für Straßenradler ein Muss ist der Odilienberg mit dem Kloster Mont Sainte-Odile (Eskapade #43), auf dem sich Pedaleure aus allen Himmelsrichtungen treffen. Über 500 Höhenmeter Aufstieg ab Klingenthal, dann eine wilde Fahrt hinunter nach Saint-Nabor. Eine anspruchsvollere, sehr abwechslungsreiche Tour führt durch das Massiv des Champ du Feu:

wiederum über Klingenthal auf den Odilienberg, dann auf einer Höhenstraße ganz ohne
Ortsberührung zum 1099 Meter hohen Gipfel
des Champ du Feu, hinunter in das schön gelegene Bergdorf Le Hohwald und über den Odilienberg und Saint-Nabor zurück – 52 Kilometer
mit 1240 Höhenmetern im Anstieg.

Als Mountainbiker orientiert man sich am
TMV, der Traversée du Massif Vosgien à VTT.
Dieser durchmarkierte Trail führt über 418 Kilometer von Wissembourg an der pfälzischen
Grenze bis nach Thann weit im Süden der
Vogesen. Details erfährt man über die Ligue
d'Alsace de Cyclotourisme, welche die Route entwickelt und markiert hat (www.tmv-
alsace-vtt.com). Ganz nebenbei erwirbt man
bei der Recherche noch etwas Französisch für
Mountainbiker: Velo Tout Terrain, kurz VTT,

nennen die Franzosen selbstbewusst das,
was in Denglischstan Mountainbike genannt
wird; die Fahrer selbst bezeichnen sich als
VTTistes. Hier zwei Appetithappen zum Ken-

Bestens beschildert ist die Mountainbikeroute Traversée du Massiv Vosgien à VTT (links). Radeln mit prähistorischen Eindrücken: Bei der Abfahrt nach Grendelbruch kommt man an Menhiren vorbei (rechts oben), auf dem Odilienburg passiert man einen Ringwall, die Mur Païen (rechts unten).

nenlernen der Traversée, die an Fahrtechnik und Kondition mittlere Anforderungen stellen:

Die Grendelbruch-Tour verknüpft stille Mittelvogesenwälder mit zauberhaften Chaumes, den offenen Hochweiden. In einem munteren Auf und Ab geht es über Klingenthal nach Grendelbruch. Der Rückweg verläuft durch zwei Täler, unterbrochen von einem kurzen Zwischenanstieg.

Die Odilienberg-Tour ist eine Route für all jene Fahrer, denen das Mountainbike nicht nur Sportgerät ist, sondern darüber hinaus auch Hilfsmittel, um Sehenswürdigkeiten anzusteuern. Und die gibt es hier in Hülle und Fülle: ein keltischer Ringwall, Felsenaussichtspunkte und als Höhepunkt das auf einem 763 Meter hohen Bergkamm thronende Kloster Mont Sainte-Odile. Wer sich die staunenswerte Heidenmauer, die Mur Païen, ausgiebiger anschauen möchte, findet auf dem Odilienberg-Plateau den passenden Rundweg. Den Abschluss macht eine wilde Straßenabfahrt hinunter nach Klingenthal.

> **FAZIT: SPORTLICHE, ABER NICHT BESONDERS SCHWIERIGE RADTOUREN IN DEN MITTELVOGESEN — IDEAL ZUM ERKUNDEN DES TERRAINS.**

Hin & weg: Parken in Ottrott, Wanderparkplatz in der Rue du Mont Sainte-Odile am nördlichen Ortsrand (250 m). Vom Bahnhof Obernai mit den Buslinien 257 oder 262.

Beste Zeit: April–Oktober.

Dauer & Strecke: 2 Tage; Straßenradtouren je nach Gusto; für die Grendelbruch-MTB-Tour 3 Std. Fahrzeit, 37 km, 700 Hm; für Mont Sainte-Odile 2 Std. Fahrzeit, 20 km, 690 Hm.

Ausrüstung: Rennrad oder Mountainbike (Ausleihe in Klingenthal, www.siaventure.fr/location-vtt), Helm, Wetterkleidung, Radlerproviant und alles für eine Hotelübernachtung.

Wenn es Nacht wird: Gepflegt im Hotel-Restaurant L'Ami Fritz in Ottrott www.amifritz.com), im Hotel des Vosges in Klingenthal (www.hoteldesvosges.eu), im Hotel-Restaurant La Fischhutte bei Mollkirch (www.fischhutte.com) oder im Hotel-Restaurant Domaine Le Moulin bei Ottrott (www.domaine-le-moulin.com), einfach im Refuge du Hohbuhl des Vogesenclubs (www.mairie-grendelbruch.fr).

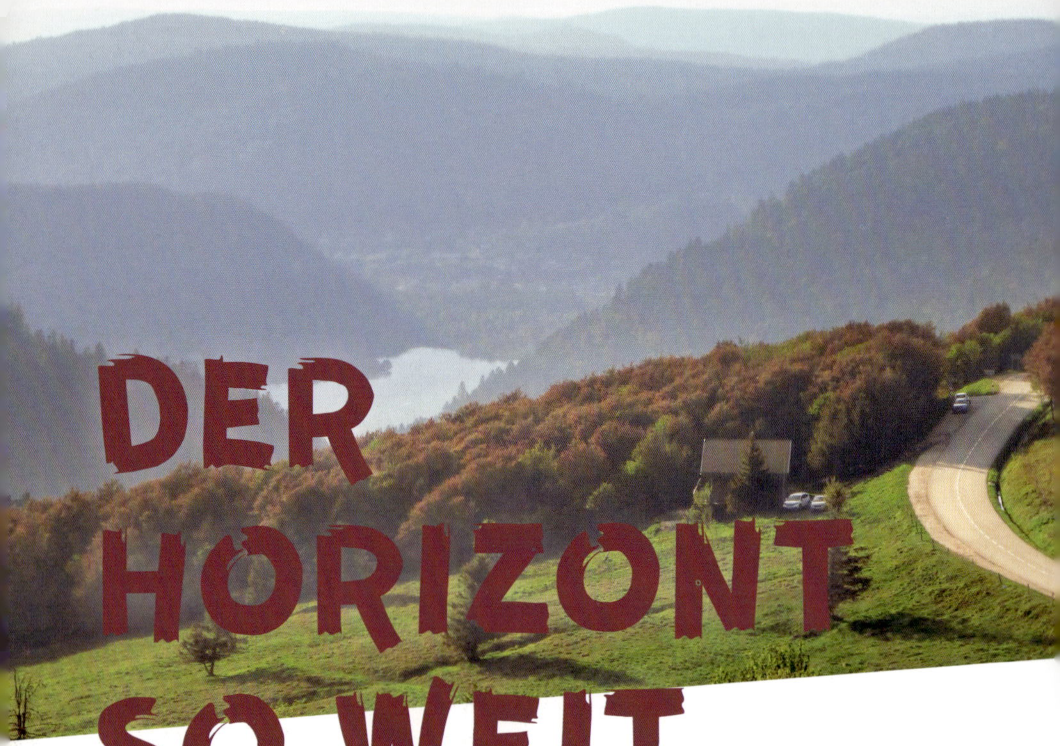

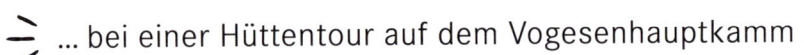

DER HORIZONT SO WEIT

... bei einer Hüttentour auf dem Vogesenhauptkamm

#51

Drei Tage ganz oben bleiben und auf Kammpfaden über der Eintausend-Meter-Grenze wandern, das Blickfeld nur vom Horizont begrenzt? Der Vogesenhauptkamm macht es möglich. Bei gutem Wetter eine Genusstour, bei Sturm, Regen oder Schneetreiben eine Sache des Willens.

#weiterHorizont #Kammwanderung ##fürdieHarten #Gipfelsammler

In sanften Wellen fallen die Vogesen nach Westen hin ab, alpin steil dagegen auf der Ostseite.

Auf federndem Torfboden und steinigen Gebirgspfaden wandert man über freundliche Hochweiden und durch lichten Bergwald, streift zwischen sturmgepeitschten Baumgestalten über Hochmoore und Heidekrautwiesen, überschreitet blockfelsige Gipfel, passiert Weltkriegs-Schützengräben und kehrt dann und wann in einer Ferme Auberge ein.

An den ersten beiden Tagen verläuft die Route parallel zur Höhenstraße Route des Crêtes, die zwar meist außer Sicht- und Hörweite bleibt, aber doch für einen regen Wanderbetrieb sorgt. Am dritten Tag wird der Höhenrausch auf einem stillen Seitenkamm fortgesetzt, bevor es hinuntergeht ins Munstertal. Übernachten kann man in Fermes Auberges, Clubhütten oder Gasthöfen. Die genaue Etappeneinteilung wird davon abhängen, wo man einen Übernachtungsplatz findet. Rechtzeitig reservieren!

Verlaufen kann man sich auf dieser Tour kaum – die Kammlinie gibt den Weg vor, au-

Typsache: Lieber in einer Auberge einkehren oder auf einem Aussichtspunkt rasten?

ßerdem ist man auf den bestens markierten Weitwanderwegen GR5 und GR532 unterwegs. Nicht ganz so einfach ist die Logistik, da es außerhalb der Sommerferien keine reguläre Busverbindung zum Startpunkt gibt. Also lässt man sich von guten Geistern zum Col du Calvaire hochfahren. Oder man startet nicht dort, sondern nimmt den Bus von Munster nach Soultzeren und steigt auf einer sehr schönen Route über den Lac Noir zum Kamm auf, was die erste Tagesetappe je nach Übernachtungsort um sechs bis zehn Kilometer verlängert. Für geübte Geher ein Klacks!

Auf der ersten Etappe zwischen dem Col du Calvaire und der Hochebene Les Trois Fours begeistert der Tiefblick zu vier Gletscherseen; die Gipfel des Tages heißen Gazon du Faing und Le Tanet. Unterkunft findet man in der

Manche Kammwanderer ziehen die Übernachtung im Zelt der Unterkunft in einem Berggasthof vor.

Ferme Auberge des Trois Fours, im gleichnamigen Refuge des Club Alpin Français oder vier Kilometer davor in La Schlucht.

Auf der zweiten Etappe reiht sich Gipfel an Gipfel. Den Anfang macht der 1353 Meter hohe Hohneck, mit seinen schroffen Felsabstürzen ein alpin anmutender Berg. Einen starken Kontrast dazu bilden die sanften Hochweiden des Kastelberges. Auf dem nun zunehmend schmaleren Kamm werden Rain-, Rothenbach- und Batteriekopf und der besonders aussichtsreiche Schweisel überschritten. Quartier nimmt man in der Auberge du Steinlebach oder im Hotel Wolf im Wintersportzentrum Le Markstein.

Anderntags wird zunächst die Ostflanke des Breitfirst gequert, um am Col d'Oberlauchen Anschluss an den GR532 zu finden, der auf einem aussichtsreichen Kamm über Klintzkopf, Spitzkopf und Hilsenfirst zum Kahlen Wasen oder Petit Ballon (Eskapade #49) mit den Fermes Auberges Rothenbrunnen, Strohberg und Buchwald führt. Der Abstieg nach Munster ist lang genug, um die großartigen Eindrücke dieser Vogesenkönigstour zu verarbeiten.

FAZIT: AUF BELEBTEN UND STILLEN WEGEN DURCH DEN ALPINEN TEIL DER VOGESEN – EINE DREITÄGIGE FERNBLICKORGIE.

Hin & weg: Col du Calvaire (1134 m) über dem Lac Blanc zwischen Munster und Fraize. Busverkehr Mitte Juli–Mitte August (www.navettedescretes.com). Ziel ist der Bahnhof in Munster.

Beste Zeit: Mai-September, April und Oktober für wetterfeste Liebhaber der Nebensaison.

Dauer & Strecke: ein verlängertes Wochenende, 16–18 Std. Gehzeit, 52 km, 1370 Hm Aufstieg, 2096 Hm Abstieg.

Ausrüstung: Wanderschuhe, wetterfeste Kleidung, Proviant, Wanderkarte 1:50 000 und alles für zwei Übernachtungen.

Wenn es Nacht wird: Auberge Le Blancrupt (www.blancrupt.com) am Col du Calvaire, Ferme Auberge des Trois Fours (www.auberge-des-trois-fours.com) oder Refuge des Trois Fours (0033/389773259), Hotel du Chalet (www.hotel-du-chalet.com) in Col de la Schlucht, Auberge du Steinlebach (www.auberge-steinlebach.com) oder Hotel Wolf (www.hotel-wolf.fr) in Le Markstein.

HÖHEN-
RAUSCH

≥ ... bei einer Kammwanderung am Grand Ventron ≤

Zu den faszinierendsten Erlebnissen im Elsass zählt eine Kammwanderung in den Südvogesen. Zauberhafte Wälder mit uralten Buchen, Tannen und Ahornbäumen, Hochweiden, auf denen schwarz-weiße Vogesenrinder grasen, dann und wann eine Heidelbeerwiese oder ein Hochmoor. Und darüber nichts als der Himmel.

#demHimmelsonah #Alpenblick #Grenze #gutgekämmt

Durch üppige Wälder steigt man von Wildenstein zum Hoch-moor am Col de Pourri Faing auf.

Im Quellgebiet von Mosel, Moselotte und Thur zieht sich ein solcher Kamm über 35 Kilometer vom Col de Bramont südwärts bis zum Ballon d'Alsace. Diese Wochenend-Eskapade führt über seinen nördlichen Teil mit dem naturgeschützten Massif de Ventron. Man wandert auf dem GR531, einem Seitenstrang des Weitwanderweges GR53, bleibt immer so weit oben wie möglich und überschreitet eine Reihe teils bewaldeter, teils offener Gipfel.

50 Meter nördlich des Parkplatzes in Wildenstein beginnt mit dem Wegzeichen Gelbes Dreieck der Aufstieg durch die Ostflanke des Ventron-Massivs – ein süffiger Tourenbeginn in einem urwüchsigen Bergwald mit jahrhun-

dertealten Bäumen, moosigen Blockhalden und gluckernden Bergbächen.

Am Col de Pourri Faing – hier unbedingt einen kurzen Abstecher nach rechts machen, wo Holzbohlen zu einem schönen Hochmoor führen! – beginnt die über 15 Kilometer lange Höhenwanderung. Zwei Gipfel werden auf ihrer Westseite umgangen, dann geht es kurz auf einem Forststräßchen weiter, um am Col du Bockloch wieder Anschluss an den mit einem blauen Balken markierten Bergpfad zu finden.

Fernblick-Höhepunkt des ersten Tages ist der von Chaumes, den Hochweiden, umgebene 1204 Meter hohe Grand Ventron. Eine Orien-

Eine grandiose Rundschau bietet der Gipfel des Grand Ventron – besonders, wenn auf den Hochwiesen des Ventronkammes der Herbst Einzug gehalten hat.

tierungstafel führt die wichtigsten Vogesen- und Alpengipfel auf, die bei klarer Sicht von hier aus zu sehen sind.

Falls man in der Auberge de la Chaume du Grand Ventron oder der Hütte des Club Alpin Français keinen Schlafplatz ergattern kann, darf man sich auf zwei weitere Stunden Kammwanderung freuen. Über Petit Ventron, Tête du Chat Sauvage und den Aussichtsgipfel Haut de Felsach geht es in einem anregenden Auf und Ab zur Unterkunft in der Ferme Auberge du Felsach etwas abseits der Hauptroute.

Am Col d'Oderen, dem Übergang zwischen den Tälern der Thur und der Moselotte, endet das Ventron-Naturschutzgebiet. Kein Grund, die Kammlinie jetzt nicht noch weiter auszukosten! Über die bewaldeten Gipfel Tête de Fellering und Hasenkopf kommt man nämlich in einer guten Stunde zum 1200 Meter hohen Drumont, der mit seinem Rundumblick dem

Hin & weg: Wildenstein, Parkplatz in der Ortsmitte. Mit der Buslinie 519 vom Bahnhof Kruth. Ziel ist der Bahnhof in Fellering, Rückkehr nach Wildenstein mit der Buslinie 519.

Beste Zeit: Mai–Oktober.

Dauer & Strecke: 2 Tage, 9–11 Std. Gehzeit, 29 km, 1300 Hm Aufstieg, 1350 Hm Abstieg.

Ausrüstung: Wanderschuhe, Regenschutz, Proviant und alles für eine zünftige Übernachtung.

Wenn es Nacht wird: Chaume du Grand Ventron (Tel. 0033/329255253) oder Refuge du Grand Ventron des Club Alpin Français (www.refugegrand ventron.ffcam.fr) nach 9 km, Ferme Auberge du Felsach (www.felsach.fr) nach 15 km oder aber Ferme Auberge du Drumont (Tel. 0033/329615012) nach 20 km.

Ventron ebenbürtig ist. Auch hier steht eine Orientierungstafel, schon 1891 vom Club Alpin Français errichtet. Am Rande: Südwestlich des Gipfels entspringt die Mosel. Konditionsstarke Geher wandern am ersten Tag bis hierher und nächtigen in der Ferme Auberge du Drumont.

Ein letztes Glanzlicht setzt die von Hochweiden umgebene Ferme Auberge du Gustiberg (www.gustiberg.fr), bevor es hinuntergeht in das Dörfchen Fellering. Dort lässt man sich abholen oder nimmt den Bus nach Wildenstein.

FAZIT: EINE DER SCHÖNSTEN KAMMWANDERUNGEN DER SÜDVOGESEN. NATURGENUSS PUR!

SONST NOCH WICHTIG

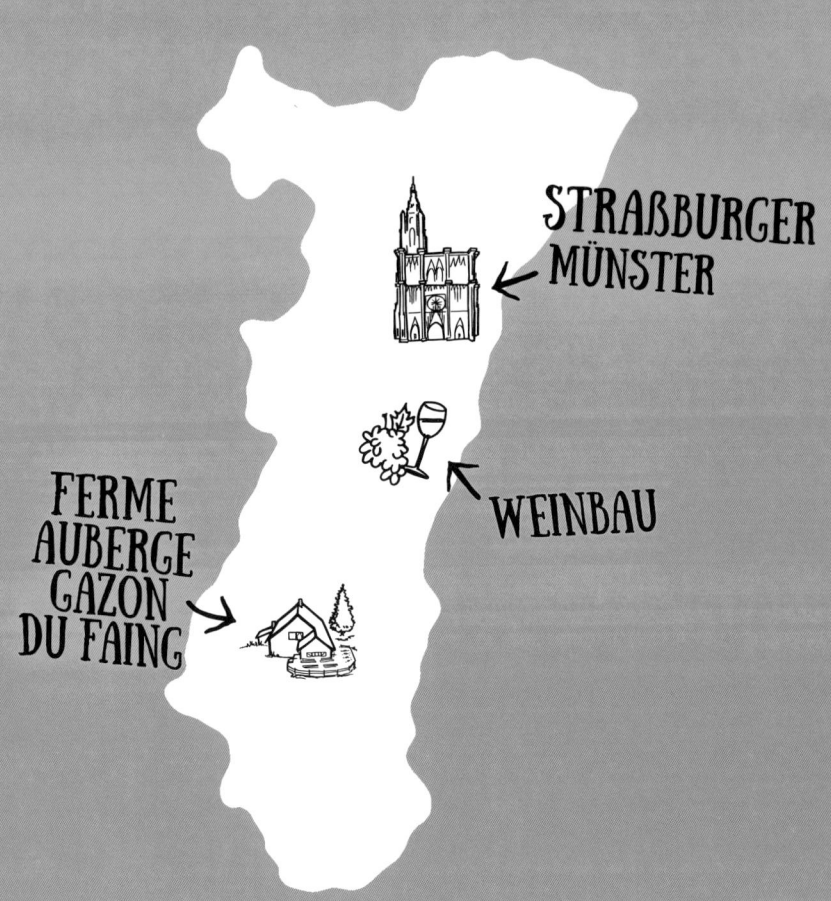

STRAßBURGER MÜNSTER

WEINBAU

FERME AUBERGE GAZON DU FAING

Ein- und Überblick

Karten für den schnellen Überblick, praktische Tipps, mehr über den Autor sowie ein Ortsregister zum schnellen Nachschlagen gibt es auf den folgenden Seiten.

GPX-Download aufs Smartphone – so geht's

Voraussetzung:
Eine Outdoor-App muss installiert sein, z. B. KOMPASS, Outdooractive oder Komoot. Zum Einlesen des QR-Codes benötigen ältere Android-Geräte eine QR-Code-App. Bei neueren Android- und iOS-Geräten ist diese Funktion in der Kamera integriert.

Daten downloaden:
1. Den QR-Code einlesen oder die Webadresse im Browser eingeben, um auf die Eskapaden-Website zu gelangen.
2. Die gewünschte Tour zum Download anklicken.
3. Bei IOS-Geräten werden die GPX-Daten direkt mit der vorab installierten App verknüpft. Bei Android-Geräten muss ggf. noch ein Weiterleiten-Button geklickt werden (z. B. oben rechts im Display). Manche Apps zeigen den Tourverlauf starr an, andere haben eine Navigationsfunktion dabei.

Tourenverlauf

GPX-Daten zum kostenlosen Download
www.dumontreise.de/
eskapaden/elsass

short.travel/viy55

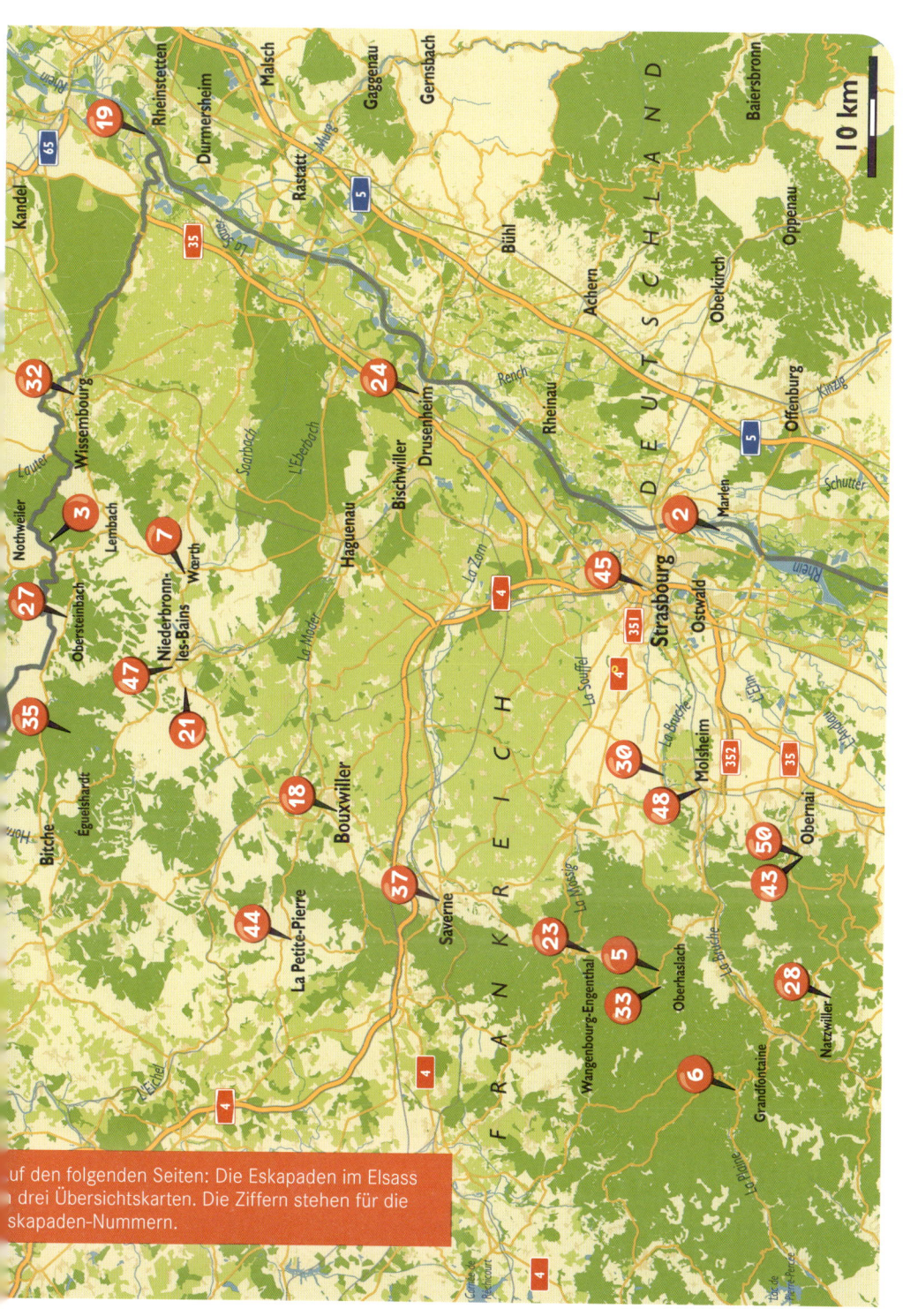

uf den folgenden Seiten: Die Eskapaden im Elsass
drei Übersichtskarten. Die Ziffern stehen für die
skapaden-Nummern.

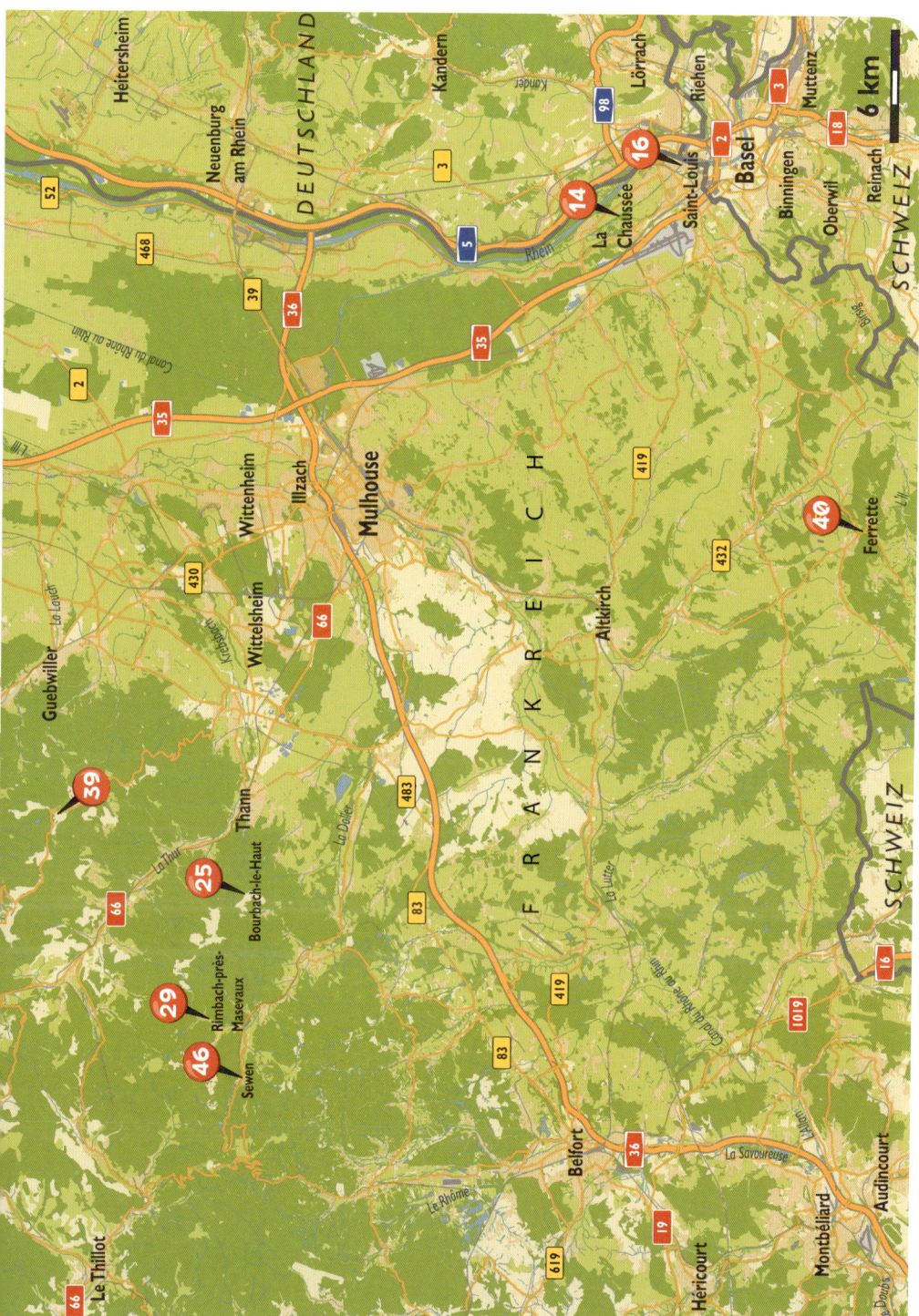

NOCH MEHR ESKAPADEN ...

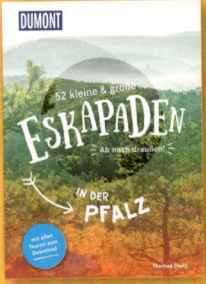

ISBN 978-3-7701-8094-3

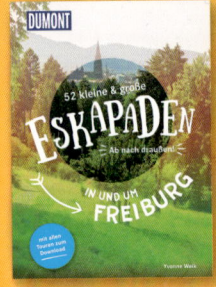

ISBN 978-3-7701-8090-5

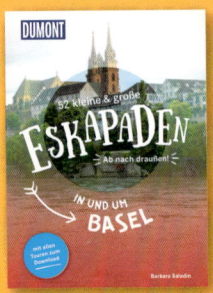

ISBN 978-3-616-11004-2

 ... erhalten Sie im gut sortierten Buchhandel und unter www.dumontreise.de

IMPRESSUM

Reihenkonzept Monique Sorban

Projektmanagement Svenja Heinle

Cover-/Buchgestaltung & Illustrationen Carolin Weidemann, Köln, www.weidemann-design.com

Umschlagproduktion, Lektorat & Buchproduktion Verlagsbüro Wais & Partner (Julia Rietsch, Kai Wieland), Stuttgart, www.wais-und-partner.de

Text & Fotos Thomas Diehl, Pirmasens, www.wanderportal-pfalz.de

Kartografie © KOMPASS, Innsbruck, unter Verwendung von Kartendaten von © OpenStreetMap-Mitwirkende, Lizenz CC-BY-SA 2.0

Hinweis Alle Informationen wurden mit größtmöglicher Sorgfalt geprüft. Infolge der Corona-Pandemie kann es allerdings zu kurzfristigen Geschäftsschließungen und anderen Änderungen vor Ort gekommen sein.

Printed in Poland

1. Auflage 2021
© 2021 DuMont Reiseverlag, Ostfildern
ISBN 978-3-616-11018-9

www.dumontreise.de

MIX
Paper from
responsible sources
FSC® C139602

Kraft und Raffinesse

Die gute elsässische Küche verbindet die Deftigkeit der Winzer- und Bergbauern-Mahlzeiten mit der Kunstfertigkeit französischer Gourmet-Menüs. Echt elsässisch essen kann man in den Weinstuben und in den hochgelegenen Fermes Auberges (www.ferme auberge-alsace.com und www.fermeaubergealsace.fr).

Mit und ohne Auto

Auf den Hauptrouten der Ebene und auf einigen Ost-West-Verbindungen kann man sich auf dichten Verkehr einstellen. Dazwischen aber gibt es, wie vielerorts in Frankreich, viele wenig befahrene, auch für Radler taugliche Nebenstraßen. Die meisten Eskapaden in diesem Buch sind mit Bus und Bahn gut erreichbar. Fahrpläne findet man unter www.fluo.eu/de

GUT ZU WISSEN …

Mal so, mal so

»Jean, chasse de Gockel aus'm Jardin, der fresst mer die ganze Legume.« So kann es sich anhören, wenn ein Mix aus Elsässerdeutsch und Französisch gesprochen wird. Oder, in reinem Elsässerdeutsch: »S'isch kalt drüsse, iiskalt!« Wie auch immer – charmant klingt das allemal. Nach welchen Regeln Elsässer manchmal mitten im Satz von einer Sprache in die andere und gleich wieder zurückwechseln, bleibt ein Rätsel. Für Touristen entscheidend: Wer des Französischen nicht mächtig ist, kommt mit Deutsch meist ganz gut zurecht.

Aufgepasst!

Teile der Rheinebene sind Zecken-Risikogebiet und es ist mit Stechmücken zu rechnen. Auf dem Vormarsch ist auch der allergieauslösende Eichenprozessionsspinner. Wer Hilfe braucht, wählt die internationale Notrufnummer 112.

Warm und kalt

Während die Oberrheinebene als wärmste Gegend Mitteleuropas gilt, kann das Wetter auf den Vogesenhöhen sehr rau sein. Bei besonders garstigem Wetter gilt: lieber in den tieferen Lagen bleiben!

ESKAPADEN-REGISTER ...

Alle Orte mit Seitenverweisen

THOMAS DIEHL

⟩ ... über den Autor ⟨

Thomas Diehl, in Pirmasens nahe der französischen Grenze aufgewachsen, verbringt seine Freizeit von Kindesbeinen an am liebsten draußen, im heimischen Pfälzerwald und im nahen Elsass. Dazwischen macht er Bergtouren und Trekkings in den Alpen, auf Mittelmeerinseln, auf den Kanaren oder im hohen Norden. Wenn das Wetter mal gar zu garstig ist, spielt er Gitarre oder schreibt Songs – Bossa Nova, Jazz, Blues.

Als Autor der »Eskapaden in der Pfalz«, Macher der Website www.wanderportal-pfalz.de und Wanderjournalist hat er schon viele Outdoor-Freunde zu ungewöhnlichen, aber auch klassischen Unternehmungen inspiriert.

Ein magischer Abend

Eskapade #4: Zügig auf den Grand Brézouard hinaufsteigen, picknicken neben einem Kelten-denkmal … Und wenn es dann zu kühl wird: Abstieg im Schein der Stirnlampe.

Mikrokosmos am Rhein

Eskapade #14: Stille Altrheinarme, üppige Feuchtwiesen, Auenwald mit efeuumrankten Baumriesen, von denen Lianen herunterhän-gen, dazu Amphibien und Wasservögel – so et-was würde man im dichtbesiedelten Dreiländer-eck nicht vermuten. Eine große kleine Flucht!

5 BESONDERE EMPFEHLUNGEN ...

Felsenburgen

Eskapade #3: Vier mittelal-terliche Burgruinen mit Aus-sicht in den Nordvogesen, dazu Einblicke in die bizarre Welt des Buntsandsteins. Ab-gehärtete Eskapisten gönnen sich eine Biwaknacht in einer Felsenkammer.

Höhensport

Eskapade #51: So schnell man die Kalorien in den Hochlagen der Südvogesen verbraucht, so schnell – und vor allem lecker – kann man sie auch wieder reinholen: Im Zweistundentakt trifft man auf dieser Etappenroute auf Bergrestaurants und Fermes Auberges. Und dann dieser weite Horizont!

Tiefgrüne Seeaugen

Eskapade #29: Von Wasserfällen begleitet hinauf zu einem Gletschersee, weiter zu ei-ner aussichtsreichen Hochweide und durch urzeitliche Wälder, zwei wunderbar gelegene Berggasthöfe – diese Tour bietet alles, was die Flanken des Vogesenhauptkammes ausmacht.

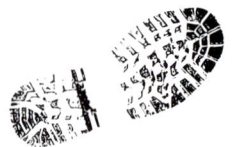